D1722723

In der gleichen Reihe erschienen:

Musterbriefe zur Bewerbung
ISBN 3-8029-3593-4

Das Vorstellungsgespräch
ISBN 3-8029-3840-2

Geheim-Code Arbeitszeugnis
ISBN 3-8029-3650-7

So schließe ich meinen Arbeitsvertrag
ISBN 3-8029-3795-3

Schnellkurs Bewerbung
ISBN 3-8029-3315-X

Handbuch Bewerbung
ISBN 3-8029-3452-0

Relax - Entspannen Sie sich
ISBN 3-8029-3780-5

Arbeitnehmerschutz bei Kündigungen
ISBN 3-8029-3623-X

Das aktuelle Recht für Arbeitnehmer
ISBN 3-8029-3493-8

Studenten brauchen Geld!
ISBN 3-8029-3785-6

Beruf - Erfolg - Karriere
ISBN 3-8029-8705-5

Karriere-Strategien für Frauen in Führungspositionen
ISBN 3-8029-8706-3

Wir freuen uns über Ihr Interesse an diesem Buch. Gerne stellen wir Ihnen kostenlos zusätzliche Informationen zu diesem Titel oder Programmsegment zur Verfügung.

Bitte sprechen Sie uns an:

E-mail: walhalla@walhalla.de
http://www.walhalla.de

Walhalla Fachverlag · Haus an der Eisernen Brücke · 93059 Regensburg
Telefon (09 41) 56 84 100 · Telefax (09 41) 56 84 111

Hans-Jürgen Kratz

CHECKLISTE

BEWERBUNG

Punktgenau vorbereitet auf alle Hürden:
Bewerbungsunterlagen – Vorstellungsgespräch –
Gehaltsverhandlung

Die Deutsche Bibliothek – CIP-Einheitsaufnahme

Kratz, Hans-Jürgen:
Checkliste Bewerbung : punktgenau vorbereitet auf alle Hürden: Bewerbungsunterlagen,
Vorstellungsgespräch, Gehaltsverhandlung. /
Hans-Jürgen Kratz. – Regensburg ; Bonn : Walhalla-Fachverl., 1998
(Geld & Gewinn)
ISBN 3-8029-3967-0

Zitiervorschlag:
Hans-Jürgen Kratz, Checkliste Bewerbung,
Regensburg, Bonn 1998

Inhalt

Checkliste Bewerbung

Wenn Sie bei Ihrer Suche nach dem passenden Arbeits- bzw. Ausbildungsplatz nichts dem Zufall überlassen wollen, dann nutzen
Sie die in langjähriger Beraterpraxis entstandenen, erfolgserprob-
ten Checklisten dieses Ratgebers. Diese stellen in aussagekräf-
tiger Form, aber dennoch kurz und präzise, folgendes dar:

- zeitsparende Arbeitserleichterung
- Orientierungshilfen
- Vorschläge für Ihre Vorgehensweise
- Hilfsmittel für Ihre Bewerbungen mit System

Ich drücke Ihnen fest die Daumen, daß Ihre wohldurchdachten
Bewerbungsaktivitäten bald zum gewünschten Erfolg führen
werden.

Hans-Jürgen Kratz

Freie Arbeitsplätze finden

Als verantwortungsbewußter Arbeitsuchender werden Sie gleichzeitig verschiedene Wege beschreiten, um den für Sie passenden freien Arbeitsplatz ausfindig zu machen. Die möglichen Wege, die Sie ins Auge fassen, bitte in folgender Checkliste einfach ankreuzen.

Checkliste

■ **Arbeitsamt**
- Arbeitsvermittler ❑
- Stellen-Informations-Service (SIS) ❑
- Fachvermittlungsdienst für Angehörige besonders qualifizierter Berufe ❑
- Managementvermittlung national/international ❑
- Hochschulteam ❑
- Europaberater ❑
- Datenbank im Internet „Arbeitsamt in T-Online" ❑

■ **Stellenanzeigen**
- In der regionalen Zeitung ❑
- In einer überregionalen Zeitung (DIE WELT, Süddeutsche Zeitung, Frankfurter Allgemeine Zeitung, DIE ZEIT) ❑
- In der für Ihren Berufsbereich in Betracht kommenden Fachzeitschrift ❑
- In diversen Stellenbörsen bzw. auf Homepages im Internet ❑
- In Sendungen regionaler Rundfunk-/Fernsehanstalten ❑

■ **Gewerbliche Arbeitsvermittler/Personalberater** ❑

■ **Stellengesuch** ❑

■ **Initiativ- oder Blindbewerbung** ❑

■ **Persönliche Kontakte, z. B.:**
- – Verwandte, Freunde, Bekannte ansprechen. ❏
- – Beziehungen jeglicher Art nutzen. ❏
- – Im Rahmen von Betriebspraktika oder praxisorientierten Seminar- oder Diplomarbeiten Weichen stellen. ❏
- – Kontakte bei Messebesuchen/Betriebsbesichtigungen anbahnen. ❏
- – Absolventenkongresse, Firmenkontaktmessen oder Workshops besuchen. ❏

Stellenanzeigen auswerten

Die auf den ersten Blick interessante Stellenanzeige schneiden Sie aus der Zeitung aus - vorher aber nachsehen, ob nicht auf der Rückseite der Zeitungsseite eine weitere bedeutungsvolle Anzeige abgedruckt ist - und analysieren sie nach folgenden Gesichtspunkten.

Checkliste

■ **Wie stellt sich das Unternehmen dar?**
- – Betriebsgröße? Umsatz? Beschäftigte?
- – Image? Firmenphilosophie?
- – Stellung in der Branche? Marktanteil? National/International?
- – Produktionsprogramm?
- – Zukunftsperspektiven der Firma/der Branche?
- – Führungsstil?

■ **Wo befindet sich das Unternehmen?**
- – Verkehrsverbindungen?
- – Umzug längerfristig erforderlich?
- – Schulen vorhanden?

Stellenanzeigen auswerten

- Freizeitwert?
- Für Ihre Familie der richtige Ort?
- Chance, daß Ihr berufstätiger Partner dort eine Stelle finden wird?

■ **Was wird über die ausgeschriebene Stelle gesagt?**
- Berufsbezeichnung?
- Aufgabengebiet?
- Kompetenzen und Verantwortung?
- Einzel- oder Teamarbeit?
- Innen- oder Außendienst oder Kombination?
- Schichtarbeit?
- Befristetes Arbeitsverhältnis?
- Zeitarbeit?
- Teilzeitarbeit?
- Telearbeit?

■ **Was wird gefordert/gewünscht?**
- Schul-/Berufsausbildung?
- Berufserfahrung?
- Auslandserfahrung?
- Fach- und Spezialkenntnisse?
- Persönliche Fähigkeiten?
- Bereitschaft zur Teamarbeit?
- Mobilität?
- Fremdsprachenkenntnisse?
- Veröffentlichungen?
- Promotion?
- Lebensalter?
- Konfessions-/Parteizugehörigkeit?
- Reisebereitschaft?

■ **Was bietet das Unternehmen?**
- Gezielte Einarbeitung?
- Aufstiegsmöglichkeiten?
- Gehaltsangabe?
- Urlaubs-/Weihnachtsgeld?
- Erfolgsbeteiligung?

- Firmenfahrzeug?
- Soziale Leistungen?
- Deputate?
- Spezialisierung?
- Fortbildung?

■ **Zu welchem Termin soll die Stelle besetzt werden?**

■ **Weicht diese Stelle von Ihrem bisherigen Werdegang ab oder bedeutet sie eine Weiterentwicklung?**

■ **Welche Ihrer Fähigkeiten, Fertigkeiten und Kenntnisse können Sie bei dieser Stelle gut einsetzen?**

■ **Welche Ihrer Fähigkeiten, Fertigkeiten und Kenntnisse werden bei dieser Stelle nicht gebraucht?**

■ **Welche Arbeitgebervorstellungen erfüllen Sie nicht? Können Sie dennoch mit genügend interessanten Pluspunkten aufwarten, um im Rennen zu bleiben?**

■ **Welche Informationen werden zum Bewerbungsverfahren gegeben?**
- Persönliche Bewerbung?
- Bis wann soll die Bewerbung vorliegen?
- Vollständige/aussagefähige/ausführliche/übliche Bewerbung?
- Kurzbewerbung?
- Telefonische Kontaktaufnahme?
- Angabe von Sperrvermerken möglich?
- Werden besondere Unterlagen gefordert?
- Spezielle Informationen zum Auswahlverfahren?

■ **Kann die Stellenanzeige als seriös bewertet werden?**
(siehe folgende Checkliste)

Unseriöse Stellenanzeigen erkennen

Einige Merkmale von Stellenanzeigen sollten bei Ihnen Skepsis und Vorsicht aufkommen lassen. Wachsamkeit ist angesagt, wenn Sie auch nur eine der folgenden Fragen mit „Ja" beantworten können!

Checkliste	Ja	Nein
■ Geht aus der Anzeige weder der Auftraggeber noch die Art der angebotenen Tätigkeit hervor?	❏	❏
■ Werden unrealistische Aufstiegsmöglichkeiten vorgegaukelt?	❏	❏
■ Stellt die Anzeige utopische Verdienstmöglichkeiten in Aussicht?	❏	❏
■ Wimmelt es in der Stellenanzeige nur so von schwammigen Formulierungen?	❏	❏
■ Ist die Anzeige sehr allgemein gehalten und sind ihr kaum sachliche Informationen über den zu besetzenden Arbeitsplatz zu entnehmen?	❏	❏
■ Wird zur Qualifikation des Bewerbers nichts oder nur wenig geschrieben?	❏	❏
■ Wird Heimarbeit angeboten, die häufig mit Vorleistungen des Bewerbers in Form des Ankaufs von Materialien oder Maschinen verbunden ist?	❏	❏
■ Wird ein Ansprechpartner in einem Hotel oder Restaurant genannt?	❏	❏
■ Wird vom Bewerber sofortige Reisebereitschaft gefordert?	❏	❏
■ Werden nähere Informationen nur gegen Zahlung einer Bearbeitungs-/Schutzgebühr angeboten?	❏	❏
■ Verlangt der Stellenanbieter eine Vermittlungsgebühr für das Benennen eines freien Arbeitsplatzes?	❏	❏
■ Soll zunächst gegen Zahlung einer Gebühr ein Einführungs-seminar/eine Informationsveranstaltung besucht werden?	❏	❏
■ Wird Ihr Anruf unter einer mit 0190 beginnenden Telefonnummer erbeten?	❏	❏

Bestandteile einer vollständigen Bewerbung

Wenn Sie häufiger Stellenanzeigen lesen, dann haben Sie sich möglicherweise bereits Gedanken gemacht, was unter

- aussagefähigen Unterlagen,
- informativer Bewerbung,
- üblichen Bewerbungsunterlagen,
- schriftlichen Unterlagen,
- ausführlicher Bewerbung,
- vollständigen Bewerbungsunterlagen oder auch nur
- Bewerbungsunterlagen

zu verstehen ist. All diese Formulierungen weisen darauf hin, daß der Stellenanbieter von Ihnen eine Bewerbung erwartet, die folgende Bestandteile aufweisen soll.

Checkliste

- Ihr sorgfältig abgefaßtes und auf die Erwartungen des Bewerbungsempfängers eingehendes individuelles **Bewerbungsschreiben** (siehe Seite 14)

- Ihr **tabellarischer Lebenslauf**
  – Lebenslauf für Bewerbung Arbeitsplatz (siehe Seite 17)
  – Lebenslauf für Bewerbung Ausbildungsplatz (siehe Seite 40)

- Ihr **Lichtbild** (siehe Seite 24)

- Kopien Ihrer **Schul-, Studien-, Dienst- und Arbeitszeugnisse** sowie **Teilnahmebescheinigungen,** die Ihre Weiterbildungsbemühungen dokumentieren (siehe Seite 25)

Neben diesen konstanten Bestandteilen fügen Sie Ihrer Bewerbung auf besonderen Wunsch des Stellenanbieters folgende variablen Bestandteile bei:

- **Arbeitsproben** (siehe Seite 31)

- **Referenzen** (siehe Seite 33)

- **Handschriftprobe** (siehe Seite 32)

- **Sonstige Unterlagen** (z. B. Führerscheine, Polizeiliches Führungszeugnis)

Bewerbungsschreiben optimal aufbereiten

Der persönlichste und daher wichtigste Bestandteil einer Bewerbung ist das Bewerbungsschreiben, das allen übrigen Bewerbungsunterlagen vorangestellt wird. Sind Form und Inhalt des Bewerbungsschreibens ansprechend, blättert der Bewerbungsempfänger weiter. Läßt aber bereits das erste Blatt Mäßiges erwarten, wird die Bewerbung schnell auf den Stapel „Absagen" gelegt.

Nach dem Motto „So wenig wie möglich, aber so viel wie nötig",bemühen Sie sich um ein präzises und überzeugendes Bewerbungsschreiben, wobei Sie sich mit Ihren Ausführungen möglichst auf eine DIN A4-Seite beschränken sollten.

Tip: Besonders hervorzuheben ist, daß Ihr Bewerbungsschreiben weder ein „Rundschreiben" noch eine „Einheitsbewerbung" darstellen soll, sondern dem Empfänger den Eindruck vermitteln muß, Ihre Bewerbung sei exklusiv für ihn angefertigt worden.

Die folgende Checkliste enthält die üblichen Bestandteile eines aussagekräftigen Bewerbungsschreibens. Wollen Sie auf eine ungewöhnliche, aus dem Rahmen fallende Stellenanzeige, wie sie z. B. in kreativen Berufen gelegentlich anzutreffen ist, mit einem ebenfalls ungewöhnlichen Bewerbungsschreiben reagieren, sollten Sie dennoch den berechtigten Informationswünschen des Stellenanbieters nachkommen und sich an dieser Checkliste orientieren.

Aufbau des Bewerbungsschreibens

Ihre vollständige Anschrift
- Vor- und Zuname
- Straße und Hausnummer
- Postleitzahl, Wohnort
- Vorwahl, Telefonnummer, Telefaxnummer

Ort und Datum Ihres Schreibens
Das Datum sollte mit dem Datum Ihres Lebenslaufs übereinstimmen. Die Postleitzahl kann entfallen; der Monatsname wird hier nicht ausgeschrieben.

Vollständige Empfängeranschrift
Es ist selbstverständlich, daß Sie die vollständige und richtige Anschrift des Betriebes einsetzen. Ist Ihnen der Name des Bewerbungsempfängers bekannt, setzen Sie ihn zur Anschrift. Bewerben Sie sich auf eine Chiffre-Anzeige, setzen Sie lediglich die Chiffre in das Adreßfeld Ihrer Bewerbung.

Bezugnahme
Früher wurde „Betreff„ oder „Bezug" angegeben, heute ist dies nicht mehr üblich.

Reagieren Sie auf eine Stellenanzeige des Unternehmens, gehen Sie auf das Stellenangebot, das Medium, den Erscheinungstermin und auf eine eventuell in der Anzeige genannte Kennziffer ein: Ihre Stellenanzeige „Kfz-Meister" - Kennziffer 12345 - Nordsee-Zeitung vom 10. 4. 19..

Geht die Initiative für die Bewerbung von Ihnen aus, heißt es lediglich: Bewerbung als …

Anrede
Ist Ihnen der Bewerbungsempfänger bekannt, verwenden Sie die persönliche Anrede: Sehr geehrter Herr Weber.
In allen anderen Fällen heißt es: Sehr geehrte Damen und Herren.

Text des Bewerbungsschreibens
Überlegen Sie, ob Sie auf mehrere der folgenden Fragen eingehen sollten:

- Weshalb bewerbe ich mich?
- Weshalb bewerbe ich mich gerade bei diesem Unternehmen?
- Aus welchen Gründen bin ich der geeignete Bewerber?
- Habe ich bereits vergleichbare Aufgaben wahrgenommen und sie wie gelöst?
- Welche besonderen Fähigkeiten und Merkmale qualifizieren gerade mich?
- Weshalb bewerbe ich mich, auch wenn ich nicht in vollem Umfang den von der Arbeitgeberseite gestellten Anforderungen gerecht werde?

Um Ihre Eignung für die freie Stelle zu verdeutlichen, schreiben Sie für sich zunächst die Anforderungen des Unternehmens auf (zumeist der Stellenanzeige oder dem Anforderungsprofil der ausgeschriebenen Stelle zu entnehmen) und stellen diesen Ihre Qualifikationen und Fähigkeiten gegenüber. Hieraus ergeben sich Ihre Argumente für Ihren Text.

Bewerbungsschreiben optimal aufbereiten

Gehen Sie ruhig auf die Anforderungen in der Stellenanzeige Punkt für Punkt knapp und präzise ein. Schreiben Sie zusätzlich alles, was – bezogen auf den anvisierten Arbeitsplatz – Sie besonders auszeichnet und den Bewerbungsempfänger interessieren könnte.

Eintrittstermin
Hier nennen Sie den frühest möglichen Zeitpunkt, zu dem Sie ein neues Arbeitsverhältnis beginnen können, z. B.

■ Ich kann ab ... Ihrem Hause zur Verfügung stehen.
■ Ab ... kann ich die Arbeit bei Ihnen aufnehmen.

Gehaltsvorstellung (falls die Stellenanzeige dazu auffordert)
(siehe Seite 75)

Schlußformel
Hier verweisen Sie auf einen positiven Fortgang des Bewerbungsverfahrens und erwähnen insbesondere Ihre Bereitschaft zu einem persönlichen Gespräch.

Gruß
Anstelle des recht förmlich klingenden „Hochachtungsvoll" tritt die heute übliche Formulierung „Mit freundlichen Grüßen".

Unterschrift
Vergessen Sie auf keinen Fall Ihre eigenhändige Unterschrift mit Vor- und Zunamen.

Anlagen
Hier führen Sie alle Unterlagen in der Reihenfolge der Bewerbung auf.

Lebenslauf aussagekräftig gestalten

Der Lebenslauf ist das Spiegelbild des bisherigen Lebens des Bewerbers. Aus ihm ist sein persönlicher, schulischer und vor allem beruflicher Werdegang erkennbar. Auf einen Blick lassen sich die wichtigsten Daten des Bewerbers in zeitlicher Folge erfassen.

Tip: **Der Lebenslauf darf kein Roman sein, sondern muß die Übersichtlichkeit eines Inhaltsverzeichnisses besitzen.**

In der Regel ist der maschinengeschriebene tabellarische Lebenslauf gefragt, denn er wirkt sachlich, ist übersichtlich und läßt sich leicht aufstellen sowie auswerten.

Aufbau eines tabellarischen Lebenslaufs

Angaben zur Person

- **Vor- und Zuname**
- **Straße und Hausnummer**
- **Postleitzahl, Wohnort**
- **Vorwahl, Telefonnummer, Telefaxnummer**
- **Geburtsdatum, Geburtsort**
- **Familienstand**
  ledig, verheiratet, verwitwet, geschieden; Kinderzahl,
  z. B. Familienstand: verheiratet, 2 Kinder (7, 9 Jahre)
- **Staatsangehörigkeit**
  Ausländer teilen ihre Staatsangehörigkeit stets mit. Die deutsche Staatsangehörigkeit wird in der Regel angegeben, wenn der Bewerber
  – im Ausland geboren wurde oder
  – einen fremdländischen Familiennamen trägt,
    z. B. Roger Forquinon.

Lebenslauf aussagekräftig gestalten

■ **Religionszugehörigkeit**
  Nur dann angeben, wenn die Stellenanzeige einen richtungsweisen
  den Hinweis enthält, z. B. bei einer Stellenausschreibung eines konfessionell ausgerichteten Arbeitgebers.

Schulbildung

■ **Dauer des Schulbesuchs**

■ **Schultyp**

■ **Erreichter Abschluß**
  z. B. 8/65 bis 7/76 Schulbesuch mit Realschulabschluß
  8/61 bis 6/74 Schulbesuch mit Abschluß Hochschulreife, Note 2,1

Berufsausbildung/Praktika

■ **Art und Dauer**

■ **Ausbildungsberuf/Ausbildungsbereich**

■ **Ausbildungsbetrieb/Ausbildungsstätte**

■ **Ergebnis**

Studium

■ **Fachrichtung**

■ **Ort und Dauer, evtl. Hinweis auf Inanspruchnahme der
  Freiversuchsregelung**

■ **Examensnote**
  z. B. 10/92 bis 2/96 Studium der Rechtswissenschaften an der
  Rheinischen Friedrich-Wilhelms-Universität Bonn
  Erstes Staatsexamen Note 2,2 (Freiversuchsregelung)

■ **Thema der Diplomarbeit**

Promotion

■ **Zeitraum des Promotionsverfahrens**

■ **Thema der Doktorarbeit und Doktorvater**

■ **Ergebnis**

Berufspraxis

- **Verweildauer**
- **Art der ausgeübten Tätigkeit**
- **Bezeichnung des Arbeitgebers**
  Bewerben Sie sich aus einer ungekündigten Stellung, werden Sie
  über Ihren gegenwärtigen Arbeitgeber keine Angaben machen
  wollen. Dann schreiben Sie:
  8/93 bis jetzt Produktionsleiter (siehe Arbeitsplatzbeschreibung)
  Hier fügen Sie statt eines Arbeitszeugnisses eine eigene Darstellung
  über Art, Umfang, Bedeutung und Verantwortungsrahmen Ihrer
  Tätigkeit ohne Nennung Ihres momentanen Arbeitgebers bei.
  Ihre Berufspraxis ist lückenlos nachzuweisen. Fehlen Zeiten,
  wird der Bewerbungsempfänger mißtrauisch (arbeitsscheu?
  Entziehungskur? Gefängnisaufenthalt?).

  Deshalb sind auch Lücken zu erklären:
  - 10/93 bis 3/94 Arbeitslosigkeit nach Konkurs der Fa. …
  - 10/97 bis jetzt Ohne Beschäftigung, da Fa. … konjunkturbedingt
    zwei Fertigungsstraßen abbaute
  - 8/84 bis 12/95 Praktikant in mehreren metallverarbeitenden
    Betrieben in den USA zur Erweiterung meiner Englischkennt-
    nisse/meines persönlichen Horizonts

Wehrdienst/Zivildienst

- **Dauer**
- **Dienstverhältnis**
  Grundwehrdienstleistender oder Soldat auf Zeit
- **Bezeichnung der Funktion**
- **Letzter Dienstgrad**

Fortbildung

Hier sind Ihre Fortbildungen in zeitlicher Abfolge darzustellen. Haben
Sie viele Fortbildungsmaßnahmen besucht, listen Sie diese auf einem be-
sonderen DIN A4-Blatt auf und verweisen in Ihrem Lebenslauf hierauf:
Fortbildung: siehe hierzu beigefügte Aufstellung

Lebenslauf aussagekräftig gestalten

Besondere Kenntnisse und Erfahrungen

Führen Sie hier die Aspekte auf, die mit dem künftigen Arbeitsplatz möglicherweise in Zusammenhang stehen. Interessant könnten z. B. folgende Informationen sein:

- **Hobbys**
  Aufgepaßt: Hobbys sollten idealerweise berufsbedeutsam sein, allgemein als positiv angesehen werden und dürfen keine negativen Auswirkungen auf Ihre Arbeitsleistung erwarten lassen.

- **Mitgliedschaften in Berufsverbänden, Fach-/Prüfungsausschüssen und sonstigen beruflichen Gremien**

- **Besondere, von Ihnen erfolgreich erledigte Aufgaben**

- **Vertretung eines Vorgesetzten während längerer Abwesenheit**

- **Fachveröffentlichungen**
  Im wissenschaftlich/universitären Bereich sind Fachveröffentlichungen üblich und weisen auf die Fachkompetenz des Bewerbers hin.

- **Besondere Vollmachten: Prokura, Handlungsvollmacht**

- **Erteilte Patente**

- **Nebentätigkeiten, insbesondere berufsbezogene Lehraufträge**

- **Fremdsprachenkenntnisse**
  Bewerten Sie diese, eventuell unterteilt nach Wort und Schrift, mit den Kategorien verhandlungssicher, fließend, Schulkenntnisse, Grundkenntnisse - besser ist aber die Vorlage entsprechender Diplome und Zeugnisse, z. B. Dolmetscher-, Übersetzer-, Fremdsprachen-korrespondenten-Zeugnis.

- **Auslandsaufenthalte zur Vertiefung/Erweiterung Ihrer beruflichen Qualifikation**

- **Auszeichnungen nach Wettbewerbsteilnahme**
  „Jugend forscht", Bundes-/Landessieger beim Handwerksnachwuchs

- **Auszeichnungen für Verbesserungsvorschläge**

- **Kirchliches/soziales Engagement, Vereinsarbeit und Ehrenämter**
  Jedoch nur, wenn ein sinnvoller Zusammenhang zur angestrebten Tätigkeit erkennbar ist.

- **Führerscheine einschließlich besonderer Berechtigungen**
  (z. B. GGVS, Gabelstapler, Baumaschinen)

Ort und Datum

Stets Lebenslauf mit aktuellem Datum absenden.

Unterschrift

Eigenhändig mit Vor- und Zunamen unterschreiben.

Welche Angaben nicht in den Lebenslauf gehören

- **Name und Beruf der Eltern**
- **Angabe zu Geschwistern**
- **Persönliche Daten von Ehepartner und Kindern**
- **Körpergröße und Gewicht**
- **Gesundheitszustand**
- **Religionszugehörigkeit**
  Ausnahme: Sie bewerben sich bei einem konfessionell ausgerichteten Arbeitgeber, der mit entsprechenden Hinweisen in der Stellenanzeige auf die Religionszugehörigkeit verweist.
- **Vermögensverhältnisse und Schulden**
- **Wohnverhältnisse**
- **Angabe zu gewerkschaftlicher/politischer Betätigung**
  Ausnahme: Die Betätigung ist von besonderer Wichtigkeit für die gewünschte Tätigkeit (z. B. Sie bewerben sich als Kreisgeschäftsführer einer Partei).
- **Hobbys, die für die angestrebte Tätigkeit ohne Bedeutung sind**

Achtung:

Bewerben sich Schulabgänger um einen betrieblichen Ausbildungsplatz, gelten andere Überlegungen (siehe Seite 40).

Lebenslauf aussagekräftig gestalten

Entdecken Sie Ihre Schwachstellen!

Ein guter Personalchef wird bei der Analyse Ihrer vollständigen Bewerbungs-unterlagen auf Ihre „Schwachstellen" stoßen und diese bei einem Vor-stellungsgespräch gewiß zur Sprache bringen. An Ihnen liegt es dann, diese Punkte als unbedeutend erscheinen zu lassen.

Checkliste	Trifft auf mich zu
■ Fehlentscheidungen bei der Berufswahl/Studienrichtung	❏
■ Erst in der Wiederholung erfolgreich abgelegte Prüfung	❏
■ Lange Ausbildungs-/Studienzeiten	❏
■ Schwache/schlechte Bewertungen in Schul-, Arbeits- und Dienstzeugnissen	❏
■ Abgebrochene Ausbildungsgänge	
■ Häufiger Wechsel des Arbeitsplatzes nach nur kurzer Betriebszugehörigkeit	❏
■ Längere Zeiten ohne Berufstätigkeit	❏
■ Durch mehrjährige Familienpause „eingerostete„ berufliche Fertigkeiten und Kenntnisse	❏
■ Überdurchschnittlich lange Verweilzeit in einer beruflichen Tätigkeit	❏
■ Erheblich voneinander abweichende Tätigkeitsbereiche	❏
■ Erkennbare berufliche Rückschritte	❏
■ Erfolglose Schritte in eine selbständige Tätigkeit	❏
■ Während der Probezeit beendete Arbeitsverhältnisse	❏
■ Vom Arbeitgeber gekündigte Arbeitsverhältnisse ohne Angabe betriebsbedingter Gründe	❏
■ Mehrfache Beendigung von Arbeitsverhältnissen zu unüblichen Zeitpunkten	❏
■ Hohes Lebensalter, das bis zum Eintritt in den Ruhestand nur noch eine kurze betriebliche Verweildauer ermöglicht	❏

Wie Sie mit Schwachstellen richtig umgehen

Sobald Sie selbst eine Schwachstelle entdeckt haben, sollten Sie sich mit ihr intensiv nach folgendem Muster beschäftigen:

Schwachstelle:

Nach bestandener Gesellenprüfung war ich innerhalb von zwei Jahren bei fünf verschiedenen Firmen tätig. Die Gründe für das mehrfache Wechseln waren Reibereien mit Kollegen und Auseinandersetzungen mit Vorgesetzten. Meine Arbeitszeugnisse weisen eher schwache Leistungen aus.

Mögliche Überlegungen des Personalchefs:

Der Bewerber war ein unruhiger Typ, den es in keiner Firma lange hielt. Vielleicht konnte er sich nicht einordnen. Möglicherweise wird er nach einer Einstellung bei uns bald wieder wechseln. Dann müßte ich den Arbeitsplatz erneut besetzen. Ich hätte viel Arbeit, und dem Betrieb entstünden zusätzliche Kosten.

Meine Begründung zur Schwachstelle:

In meiner Lehrfirma wurde ich bei den dortigen Schwerpunkten einseitig auf … ausgebildet. Mir lag aber an einer umfangreichen und vielseitigen Berufsgrundlage. Und da ich noch ledig war, traf es sich gut, daß ich einige Firmen in verschiedenen Städten mit unterschiedlichen Schwerpunkten kennenlernen konnte. Durch die kurze Betriebszugehörigkeit waren besonders gute Beurteilungen in meinen Arbeitszeugnissen einfach nicht drin. Darauf kam es mir auch nicht so sehr an. Schließlich wollte ich meine beruflichen Fertigkeiten und Kenntnisse abrunden und vertiefen.

Heute kann ich sagen: Dies ist mir gelungen. Zugegeben: Ich war damals schon ein etwas unruhiger Geist. Das hat sich aber mit den Jahren und den familiären Verhältnissen völlig gelegt.

Ihre Begründung sollte plausibel, einleuchtend und gesellschaftlich anerkannt sein. Idealerweise bleiben Sie bei der Wahrheit, was jedoch nicht ausschließt, daß Sie hier und da einen Gesichtspunkt in einem für Sie besseren Licht erscheinen lassen.

Tip: Gestehen Sie eine Schwachstelle lieber ehrlich ein, als dem „Lügenbaron Münchhausen" Konkurrenz machen zu wollen. Mit einer wahrheitsgemäßen Aussage weisen Sie auf Ihren Mut zur Offenheit und Ehrlichkeit und damit auf ein positiv zu wertendes Selbstbewußtsein hin.

Mit dem Lichtbild Sympathie wecken

Bewerbungsempfänger schauen sehr häufig zuerst auf das Lichtbild des Bewerbers. Da der über das Bild gewonnene subjektive erste Eindruck sehr gefühlsbetont ist, können bereits über das Foto Weichen gestellt werden:

Entweder werden Sie bei einem positiv wirkenden Bild als sympathisch eingestuft oder bei einem unvorteilhaften Bild aufs Abstellgleis geschoben.

Checkliste

■ Das Lichtbild sollte ein Paßbildformat von etwa 400 x 500 mm haben. Größere Fotos vermitteln den Eindruck eines übersteigerten Selbstbewußtseins.

■ Es ist unerheblich, ob das Lichtbild Sie farbig oder schwarzweiß zeigt. Farbige Bilder wirken freundlicher, schwarzweiße Aufnahmen hingegen dezenter und seriöser.

■ Das Ihrer Bewerbung beizufügende Lichtbild sollte nicht älter als sechs Monate sein.

■ Sie sollten Ihr Aussehen zwischen dem Fototermin und einem möglichen Vorstellungsgespräch nicht zu stark verändern. Der Personalchef, der Sie nach dem vorliegenden Bild schon fast zu kennen glaubt, wäre sicherlich irritiert, wenn Sie durch zwischenzeitliche, wesentliche Veränderungen für ihn kaum noch wiedererkennbar wären.

■ Auch wenn es erheblich billiger für Sie wäre, begnügen Sie sich nicht mit Automatenfotos oder mit Schnappschüssen und Amateurfotos.

■ Geben Sie bei einem Fotografen eine Bilderserie in Auftrag, so daß Sie später in Ruhe das am besten geeignete Bild aussuchen und Ihrer Bewerbung beifügen können.

■ Das Bild soll Sie mit einem freundlichen, aufmerksamen, interessierten, aber dennoch entspannten Gesichtsausdruck zeigen.

■ Tragen Sie bei der Aufnahme eine auf den zukünftigen Arbeitsplatz abgestimmte Kleidung, und bemühen Sie sich um ein gepflegtes Äußeres.

■ Auf die Rückseite des Bildes schreiben Sie mit einem weichen Bleistift Ihren Namen einschließlich Adresse. Ein harter Bleistift würde sich auf die Vorderseite durchdrücken, bei Verwendung von Tinte würde diese beim Aufkleben verlaufen. Denn bei mehrfacher Durchsicht Ihrer Bewerbung könnte sich das Bild lösen und wäre ohne nähere Angaben der richtigen Bewerbung nicht oder nur mit erheblichem Arbeitsaufwand zuzuordnen.

■ Das auf der Rückseite beschriftete Bild wird mit einem Trockenkleber rechts oben auf den Lebenslauf geklebt.

Auf welche Zeugnisse es ankommt

Die Nachweise stellen Sie entsprechend der Gliederung Ihres Lebenslaufs zusammen:

■ Schulabschlußzeugnisse

■ Zeugnisse über Berufsausbildung/Praktika

■ Studiennachweise

■ Promotionsurkunde

■ Arbeitszeugnisse

■ Dienstzeugnisse der Bundeswehr bzw. des Zivildienstes

■ Zeugnisse oder Teilnahmebescheinigungen über besuchte Fortbildungsmaßnahmen

Checkliste	**Von mir beachtet?**
■ Ich gebe keinesfalls Originalzeugnisse aus der Hand, sondern versende stets gut lesbare Kopien.	❏
■ Kopien brauchen grundsätzlich nicht beglaubigt zu werden, es sei denn, der Bewerbungsempfänger fordert dies ausdrücklich (hin und wieder im öffentlichen Dienst).	❏

Auf welche Zeugnisse es ankommt

- Mehrseitige Zeugnisse (z. B. Hochschulreifezeugnis) werden mit allen Seiten kopiert und nicht nur die „Schokoladenseiten". ❑

- Alle Zeugniskopien sollen DIN A4-Format aufweisen: Großformatige Diplome werden auf DIN A4-Format verkleinert, DIN A5-Unterlagen werden auf DIN A4-Blätter übertragen. ❑

- Bei fremdsprachigen Zeugnissen ist eine Übersetzung beizufügen. ❑

- Damit sich keine Fehler einschleichen, sind die Daten aus den Zeugnissen noch einmal mit den Angaben im Lebenslauf zu vergleichen. ❑

Arbeitszeugnisse analysieren

Arbeitszeugnisse stellen für den Bewerbungsempfänger eine äußerst bedeutungsvolle Informationsquelle dar. Er kann aus ihnen erkennen, was der Bewerber in der Vergangenheit mit welchem Ergebnis beruflich getan, erfahren und geleistet hat. Hieraus werden Schlüsse gezogen, wie der Bewerber voraussichtlich eine in der Zukunft liegende Aufgabe bewältigen wird. Prüfen Sie deshalb die Aussagekraft Ihrer Arbeitszeugnisse!

Checkliste

1. **Beinhalten meine qualifizierten Arbeitszeugnisse folgende Angaben:**
   - Bezeichnung des ausstellenden Arbeitgebers?
   - Meine persönlichen Daten: Name, Vorname, Geburtsdatum?
   - Dauer des Arbeitsverhältnisses (Ein- und Austrittsdatum)?

- Art der geleisteten Tätigkeit (vollständige, genaue und ausführliche Angabe der einzelnen verrichteten Tätigkeiten, damit sich ein unbeteiligter, aber fachkundiger Dritter, insbesondere ein künftiger Arbeitgeber, ein zutreffendes, klares Bild von der Gesamttätigkeit machen kann; eine bloße Berufs- oder Tätigkeitsbezeich nung ist unzureichend)?

- Angaben, wie ich die einzelnen Tätigkeiten erledigt habe (= Leistungsbewertung: Hier sind meine Befähigung, meine Arbeitsweise und mein Arbeitserfolg anzusprechen)?

- Angaben über meine persönliche Führung (= Führungsbewertung: Die Angaben müssen sich ausschließlich aus dem Arbeitsverhältnis herleiten lassen. Auch Angaben über mein Sozialverhalten sind wichtig)?

- Zusammenfassung der Leistungs- und Führungsbewertung zu einer Gesamtbewertung?

- Art und Grund des Ausscheidens (wer hat warum gekündigt)?

- Schlußformel, in der gute Wünsche und der Ausdruck des Bedauerns über die Lösung des Arbeitsverhältnisses enthalten sind?

- Eigenhändige Unterschrift des Arbeitgebers?

- Ort und Datum der Zeugniserstellung?

2. **Ist das Arbeitszeugnis auf Geschäftsbriefbögen geschrieben, wozu der Arbeitgeber verpflichtet ist, wenn er diese auch im sonstigen Geschäftsverkehr verwendet?**

3. **Sind Radierungen, Verbesserungen oder Zusätze zu erkennen, was möglicherweise Mißtrauen aufkommen läßt?**

4. **Sind alle Formulierungen klar, verständlich und wahr?**

5. **Welche Formulierungen können dennoch mißverstanden oder zweideutig aufgefaßt werden und mir deshalb zum Nachteil gereichen?**

6. **Sind besonders qualifizierte oder selbständige Tätigkeiten aufgeführt, die über den Rahmen des Üblichen hinausgehen?**

7. **Läßt das Zeugnis erkennbares Wohlwollen mir gegenüber erkennen?**

8. **Sind einmalige ungünstige Vorkommnisse unerwähnt geblieben?**

9. **Bezieht sich die Beurteilung auf alle Leistungen oder werden die einzelnen Tätigkeiten unterschiedlich beurteilt?**

Auf welche Zeugnisse es ankommt

10. Werden bestimmte, für die Tätigkeit unwichtige Eigenschaften oder Merkmale besonders betont und andererseits für die Position erhebliche Eigenschaften oder Merkmale vernachlässigt?

11. Sind unzulässige Angaben über besondere Vorgänge in meinem Privatleben oder über eine eventuelle Tätigkeit als Arbeitnehmervertreter enthalten?

12. Bestätigt das Zeugnis wichtige Charaktereigenschaften und Eignungsschwerpunkte für die ausgeübte Tätigkeit?

13. Wurden meine Leistungsergebnisse angemessen beurteilt?

■ …hat sich bemüht, die ihm übertragenen Aufgaben zu erledigen

…hatte Gelegenheit, die ihm übertragenen Aufgaben zu erledigen

…war bemüht, die ihm übertragenen Aufgaben
zu unserer Zufriedenheit zu erledigen **ungenügend = 6**

■ …hat die ihm übertragenen Aufgaben im großen
und ganzen zu unserer Zufriedenheit erledigt **mangelhaft = 5**

■ …hat die ihm übertragenen Aufgaben zu unserer
Zufriedenheit erledigt

…waren mit seinen Leistungen zufrieden

…hat zufriedenstellend gearbeitet **ausreichend = 4**

■ …hat die ihm übertragenen Aufgaben zu unserer
vollen Zufriedenheit erledigt

…hat die ihm übertragenen Aufgaben immer
(stets/sehr) zu unserer Zufriedenheit erledigt

…hat jederzeit zu unserer Zufriedenheit gearbeitet

…waren mit den Leistungen jederzeit zufrieden

…waren mit den Leistungen voll zufrieden

…hat unseren Erwartungen in jeder Hinsicht
entsprochen **befriedigend = 3**

■ …hat die ihm übertragenen Aufgaben stets (immer/in jeder
Hinsicht) zu unserer vollen Zufriedenheit erledigt

…seine Leistungen fanden stets unsere volle Anerkennung

...waren mit den Leistungen stets zufrieden

...in bester Weise entsprochen

...den Erwartungen und Anforderungen in jeder
Hinsicht und in bester Form entsprochen **gut = 2**

■ ...hat die ihm übertragenen Aufgaben stets (immer/in jeder
Hinsicht) zu unserer vollsten Zufriedenheit erledigt

...waren mit den Leistungen stets sehr zufrieden

...seine Leistungen fanden in jeder Hinsicht unsere
vollste Anerkennung

...waren mit seinen Leistungen in jeder Hinsicht
außerordentlich zufrieden

...den Erwartungen und Anforderungen in jeder
Hinsicht und in allerbester Weise entsprochen **sehr gut = 1**

14. Enthält das Zeugnis Spezialformulierungen negativen Inhalts?

■ ...war sehr tüchtig und wußte sich gut zu verkaufen
= *war ein unangenehmer Mitarbeiter*

■ ...hat sich im Rahmen seiner Fähigkeiten eingesetzt
= *hat getan, was er konnte, dabei kam nicht viel heraus*

■ ...erledigte seine Arbeiten mit Fleiß und Interesse
= *war zwar eifrig, aber nicht besonders tüchtig*

■ ...wegen seiner Pünktlichkeit war er stets ein gutes Vorbild
= *war ansonsten aber eine Niete*

■ ...seinen Aufgaben widmete er sich mit Begeisterung
= *aber ohne Erfolg*

■ ...war immer mit Interesse bei der Sache
= *hat sich angestrengt, aber nichts geleistet*

■ ...zeigte für seine Arbeit Verständnis
= *war faul und hat nichts geleistet*

■ ...hatte Gelegenheit, alle Aufgaben als ... wahrzunehmen
= *die Gelegenheit war vorhanden, nur stellte sich der Erfolg
nicht ein*

■ ...verfügt über Fachwissen und zeigt ein gesundes Selbstvertrauen
= *verkaufte mit übersteigertem Selbstvertrauen sein
geringes Fachwissen*

■ ...im Kollegenkreis galt er als toleranter Mitarbeiter
= *für den Vorgesetzten war er aber eine harte Nuß*

Auf welche Zeugnisse es ankommt

- ...hat stets kritisch in positiver Weise mitgedacht
  = *war ein streitsüchtiger Besserwisser*

- ...seine Auffassungen wußte er intensiv zu vertreten
  = *war ein vorlauter Mitarbeiter*

- ...mit seinen Leistungen waren wir insgesamt zufrieden
  = *im einzelnen waren die Leistungen aber oft mangelhaft*

- ...hatte dabei auch Erfolg
  = *Erfolg stellte sich nur selten ein*

- ...erledigte seine Aufgaben in der heutzutage üblichen
  Art und Weise
  = *es war eine geringe Arbeitsmoral erkennbar*

- ...hat auch brauchbare Vorschläge gemacht
  = *seine Vorschläge waren im Regelfall Mist*

- ...brachte der Firma reges Interesse entgegen
  = *aber Leistungen waren kaum erkennbar*

- ...hatte ein gutes Einfühlungsvermögen für die Belange der
  Belegschaft
  = *suchte ständig Sexualkontakte*

- ...trug mit seiner Geselligkeit zur Verbesserung des
  Arbeitsklimas bei
  = *hatte während der Arbeit Alkoholprobleme*

- ...war mit seiner Arbeit stets schnell fertig
  = *war zwar schnell, dafür aber flüchtig*

- ...hat versucht, die ihm gestellten Aufgaben zu lösen
  = *die Versuche verliefen erfolglos*

- ...sein Verhältnis zu den Kollegen wurde durch seine Umgangs-
  formen bestimmt
  = *ungehobelter und Unruhe stiftender Klotz*

15. **Sind bestimmte Passagen im Arbeitszeugnis mit einem Ausrufe-
    zeichen versehen, obwohl dies nach den Interpunktionsregeln
    nicht erforderlich ist und deshalb einen zusätzlichen negativen
    Akzent setzt?**

Arbeitsproben, Handschriftprobe und Referenzen beilegen

Arbeitsproben

Soll das kreative, gestaltende oder stilistische Leistungs- und Einfühlungsvermögen eines Bewerbers ermittelt werden (z. B. bei Steinmetzen, Architekten, Textern, Grafikern, Layoutern, Software-Programmierern, Designern, Werbefachleuten, Journalisten), wird das Unternehmen die Bitte um Vorlage von Arbeitsproben äußern.

Checkliste

- ◼ Achten Sie besonders darauf, daß Sie mit Ihren Arbeitsproben keine Betriebsgeheimnisse verraten und sich dadurch strafbar machen.

- ◼ Schmücken Sie sich nicht mit fremden Federn, indem Sie von anderen Personen gefertigte Arbeiten als Ihre Produkte ausgeben. Der Arbeitgeber kann einen auf dieser Grundlage zustande gekommenen Arbeitsvertrag wegen arglistiger Täuschung anfechten.

- ◼ Wurde die vorzulegende Arbeitsprobe von einem Team gefertigt, geben Sie genau an, welche Teile auf Ihr alleiniges Konto gehen.

- ◼ Der Arbeitgeber will zumeist einen Mitarbeiter einstellen, der die täglich anfallenden Arbeiten gut meistert und nicht nur alle Jubeljahre ein Meisterstück abliefert. Deshalb sind nicht nur hervorragende Arbeiten als Arbeitsproben geeignet, sondern auch sehr gut gelungene übliche Arbeiten.

- ◼ Damit Arbeitsproben mit unüblichem Format Ihre Bewerbung nicht unübersichtlich erscheinen lassen, sollten diese auf DIN A4-Bögen kopiert werden.

- ◼ Unhandliche oder schwere Arbeitsproben schaffen Beförderungsprobleme. Hier wäre das ersatzweise Senden von Fotografien zu überlegen.

- ◼ Sind Arbeitsproben zu voluminös (z. B. bei einem Architekten die Baupläne für eine Wohnanlage), vermerken Sie im Bewerbungsschreiben, welche Arbeitsproben Sie zum Vorstellungsgespräch mitbringen würden.

Arbeitsproben, Handschriftprobe und Referenzen beilegen

Handschriftproben

Wünscht der Arbeitgeber von Ihnen eine Handschriftprobe, soll diese entweder einem Graphologen vorgelegt werden oder die Firma verlangt sie aus Prinzip.

Checkliste

- Unverfänglich ist es, wenn Sie aus einer fachlichen Abhandlung eine Passage abschreiben. Besonders qualifizierte Fach- und Führungskräfte können diese günstige Gelegenheit auch nutzen, hier werbend auf sich aufmerksam zu machen, indem sie weitere Informationen über sich und ihren beruflichen Werdegang niederschreiben.

- Um zu einem ausgewogenen Urteil zu kommen, benötigt der Schriftsachverständige für seine Analyse etwa eine DIN A4-Seite Schriftmaterial.

- Setzen Sie sich zur Handschriftprobe nieder, wenn Sie sich ausgeglichen und ausgeruht fühlen und auch genügend Zeit zur Verfügung haben.

- Sie benutzen weißes, unliniertes Papier im DIN A4-Format von der gleichen Güte, wie Sie es für Bewerbungsschreiben und Lebenslauf verwendet haben.

- Ein untergelegter Linienbogen sorgt dafür, daß die Zeilen weder nach oben noch nach unten verrutschen und das Gesamtbild ansprechend wirkt.

- Selbstverständlich sorgen Sie für eine übersichtliche Raumaufteilung und vergessen Ränder (links 3 cm, rechts 2 cm) und Absätze nicht.

- Als Schreibwerkzeug ist ein Füllfederhalter mit dunkler Tinte besonders zu empfehlen. Filzschreiber und Kugelschreiber erzeugen kein gleichmäßiges, gutes Schriftbild.

- Als Überschrift setzen Sie in die Zeilenmitte „Handschriftprobe" und unterschreiben zum Schluß mit Ihrem Vor- und Zunamen.

- Es bringt nichts, Ihre „Sonntagnachmittagsausgehschrift" zu Papier zu bringen. Jegliche Verstellung der Handschrift bemerkt sogleich ein guter Graphologe - für ihn wäre diese Handschriftprobe nicht verwertbar.

- Sollte Sie Ihre Handschriftprobe nicht zufriedenstellen, beginnen Sie von vorn. Sie haben Zeit, niemand drängt oder beobachtet Sie – versuchen Sie es so oft, bis Sie sich mit Ihrer Niederschrift identifizieren können.

Referenzen

Bei der Auswahl von Führungskräften werden Bewerber hin und wieder um Angabe von Referenzadressen gebeten. Von den als Referenzen benannten Personen wird der Personalchef möglicherweise Informationen über Sie einholen.

Checkliste

- Sie überlegen sich in Ruhe, welche Personen wohl für Sie eine positive Stellungnahme abgeben werden.

- Sie wählen aus diesem Personenkreis fachlich qualifizierte Personen aus, mit denen Sie beruflich zu tun haben/hatten: Kollegen, Ausbilder, Kunden, Geschäftsfreunde, Vorgesetzte.

- Sie vergewissern sich durch eine freundliche Anfrage bei den vorgesehenen Referenzpersonen, daß diese gegen ihre Benennung keine Einwände haben.

- Sie fragen in diplomatischer Form nach, ob die jeweilige Person auch bereit ist, bei einer Anfrage Positives über Sie zu berichten.

- Sie geben auf einem gesonderten DIN A4-Bogen drei bis vier Referenzpersonen nach folgendem Muster an:

```
                    Referenzen

Als Referenzen benenne ich
1. Hanno Michels   Antonstr. 17        Ausbildungsleiter
                   28199 Bremen        Fa. Jacobs Kaffee
                   Tel.: (...) ...
```

Arbeitsproben, Handschriftproben und Referenzen beilegen

```
2. Friedrich Voß  Busseweg 54        EDV-Leiter
                  27568 Bremerhaven  Lloyd-Werft
                  Tel.: (…) …

3. Dr. Max Forsch beruflich:         Dozent Hochschule
                  Karlsburg          Bremerhaven
                  27568 Bremerhaven
                  Tel.: (…) …

                  privat:
                  Am Berge 4
                  27612 Loxstedt
                  Tel.: (…) …
```

Schnell-Check:
Vollständige Bewerbungsunterlagen

16 Prüfkriterien	Okay?
1. Versende ich den Wünschen des Bewerbungsempfängers entsprechend nur Unterlagen, die verlangt wurden?	❏
2. Sind alle Unterlagen vollständig?	❏
3. Zeigt mich das aktuelle (nicht älter als sechs Monate) Lichtbild im Paßbildformat mit einem freundlichen und aufmerksamen Gesichtsausdruck? Habe ich es auf der Rückseite mit Namen und Anschrift versehen und danach mit Trockenkleber auf die rechte obere Ecke des Lebenslaufs geklebt?	❏
4. Vermittelt meine Bewerbung den Eindruck einer in allen Teilen einheitlichen, aus einem Guß gefertigten Bewerbung (gleiches Papier, gleiche Schrifttype, gleiches Papierformat, gleiche Unterschrift)?	❏

Okay?

5. Sind Bewerbungsschreiben, Lebenslauf und eventuell geforderte Handschriftprobe von mir mit Vor- und Zunamen unterschrieben? ❏

6. Ist meine gesamte Bewerbung hinsichtlich Rechtschreibung, Grammatik und Zeichensetzung fehlerfrei? ❏

7. Sind meine Formulierungen aussagekräftig und in sich schlüssig? ❏

8. Habe ich meine Bewerbungsunterlagen einem kritischen Dritten zum Korrekturlesen gegeben, und sind dessen Anmerkungen/Verbesserungsvorschläge von mir überdacht und möglicherweise berücksichtigt worden? ❏

9. Sind alle Zeugnisse chronologisch (das jüngste Zeugnis oben) geordnet? ❏

10. Habe ich daran gedacht: Zeugnisse müssen stets, Lebensläufe sollten nie und Bewerbungsschreiben in keinem Fall vervielfältigt werden? ❏

11. Steht mir ein Schnellhefter aus Kunststoff mit durchsichtiger Vorderseite, der für einen Inhalt von 10 bis 20 Seiten geeignet ist, zur Verfügung? Sind in ihn die Zeugnisse und sonstigen Bewerbungsunterlagen und obenauf der Lebenslauf mit Lichtbild eingeheftet? ❏

12. Liegt mein Bewerbungsschreiben ungelocht im Schnellhefter obenauf (nicht einheften, denn dieses Schreiben bleibt beim Empfänger, während Ihnen alle übrigen Bewerbungsunterlagen im Falle einer Ablehnung wieder zugeleitet werden)? ❏

13. Ist von mir bei einer Bewerbung auf eine Chiffre-Anzeige ein Sperrvermerk beigefügt (in diesem Fall lege ich meine Bewerbungsunterlagen in einen Umschlag mit Angabe der Chiffre; dieser Umschlag wird verschlossen, zusammen mit meinem Sperrvermerk, in einen an die Zeitung adressierten größeren Umschlag gesteckt)? ❏

Schnell-Check: Vollständige Bewerbungsunterlagen

	Okay?
14. Stehen mir für ein Vorstellungsgespräch Mehraus-fertigungen von Bewerbungsschreiben und Lebenslauf zur Verfügung?	❏
15. Versende ich den Kunststoffhefter mit meinen Unterlagen in einem DIN C4-Umschlag oder DIN B4-Um-schlag mit Kartonrücken, damit meine Unterlagen weder zerknittert noch beschädigt beim Arbeitgeber eintreffen?	❏
16. Noch ein letzter Blick: Schiebe ich meine Bewerbungs-unterlagen in den richtigen Umschlag?	❏

Tip: Der richtig adressierte und ausreichend frankierte Umschlag geht mit der Post ab als Normalsendung – weder als Einschreiben noch per Eilboten.

Systematisch vorbereiten und durchführen

Auf telefonische Bewerbungen sollten Sie sich gut vorbereiten, um Ihre Vorzüge während des kurzen Ferngesprächs ins rechte Licht rücken zu können. Mit einer unzulänglichen Vorbereitung vergeben Sie hingegen leichtfertig eine gute Bewerbungschance.

In der Durchführungsphase können Sie das Interesse Ihres Gesprächspartners mittels einiger empfehlenswerter Verhaltensweisen wecken. Das erste Etappenziel ist erreicht, wenn Ihr Gesprächspartner Sie am Ende des Telefonats zur Übersendung Ihrer Bewerbungsunterlagen auffordert.

Checkliste

Vorbereitung

- ■ Anzeige ausschneiden und aufkleben, Zeitung und Datum vermerken.
- ■ Stichwortkonzeption für Ihren Gesprächseinstieg entwerfen.
- ■ Über das Stellenangebot hinausgehende Zusatzfragen notieren. (Nutzen Sie hierfür den Fragenkatalog ab Seite 70)
- ■ Lebenslauf und Zeugnisse bereithalten, um genaue Auskünfte zur Person geben zu können.
- ■ Schreibmaterial für Gesprächsnotizen vor sich legen.

Durchführung

- ■ Sie greifen zum Hörer, wenn Sie wirklich ungestört sind und mit keinerlei Ablenkung zu rechnen ist.
- ■ Vor Abnehmen des Hörers lächeln Sie vor sich hin und wiederholen dies während des Gesprächs. Automatisch wirkt Ihre Stimme hierdurch sympathischer.
- ■ Den zuständigen Gesprächspartner an das Telefon bekommen.
- ■ Nennen Sie Ihren Namen besonders deutlich und relativ langsam.
- ■ Falls Sie den Namen Ihres Gesprächspartners nicht verstanden haben, fragen Sie sofort nach und notieren sich den Namen.
- ■ Kurz und präzise Ihr Anliegen vortragen.

Systematisch vorbereiten und durchführen

- Bei der Beantwortung von Fragen die Empfehlungen auf Seite 57 beachten.
- Nicht zu schnell sprechen, auf besonders gute Aussprache achten.
- Nicht nuscheln, keinesfalls die Endsilben verschlucken.
- Kurze Sätze bilden! Häufig sind lange Sätze ermüdende Bandwurmsätze. Nebensätze sind oft „Nebelsätze", die unvollendet abgebrochen werden.
- Gesprächspartner öfter mit seinem Namen ansprechen.
- Ausdrucksvoll und dynamisch sprechen.
- Ihre Zusatzfragen kurz, zielbewußt und präzise stellen, um damit Ihr Interesse und Ihre gute Vorbereitung zu demonstrieren.
- Falls die erhaltenen Auskünfte Ihr Interesse an der Stelle bekräftigen, müssen Sie „Nägel mit Köpfen" machen. Keine geschlossenen Fragen stellen: „Darf ich Ihnen meine Bewerbungsunterlagen zusenden?" oder „Können Sie mir einen Vorstellungstermin nennen?" Besser sind offene Fragen: „Bis wann sollten Ihnen meine Bewerbungsunterlagen vorliegen?" oder „Wann darf ich Sie zu einem Vorstellungsgespräch aufsuchen?"

Auswertung

Im Falle einer positiven Antwort Ihres Gesprächspartners:

- Schriftliche Bewerbungsunterlagen unter Hinweis auf das Telefonat übersenden.
- Einladung zum Vorstellungsgespräch folgen.

Berufsentscheidung richtig treffen

Checkliste

- Welche Aufgaben müssen in dem gewünschten Beruf wahrgenommen werden?

- Welche Tätigkeitsmerkmale und Arbeitsbedingungen (körperliche - z. B. Tragen von Lasten, Arbeiten in Zwangshaltungen – und geistige Belastungen – z. B. Streß, monotone Arbeiten – sowie Umgebungseinflüsse) sind bei der Berufsausübung besonders zu berücksichtigen?

- Entspricht der Beruf meinen Persönlichkeitsmerkmalen (Fähigkeiten, Interessen, Einstellungen) und meinem Leistungsvermögen, so daß weder eine Über- noch eine Unterforderung zu befürchten ist?

- Sind spezielle Fähigkeiten für diesen Beruf unbedingt erforderlich?

- Herrscht in dem Beruf Teamarbeit vor, oder ist eher mit einer Aufgabenerledigung als „Einzelkämpfer" zu rechnen?

- Welche bildungs- und tätigkeitsbezogenen Voraussetzungen sind für die Zulassung zur Ausbildung zu erfüllen?

- Wie lange dauert die Ausbildung, und wie sieht in dieser Zeit die finanzielle Absicherung für meine Familie und mich aus?

- Welche Besonderheiten sind während der Ausbildung zu beachten?

- Gibt es in mehreren Wirtschaftszweigen Ausbildungsplätze für den gewünschten Beruf?

- Entsprechen die späteren Verdienstmöglichkeiten meinen wirtschaftlichen Erwartungen?

- Bietet der Berufsbereich Spezialisierungs- und Aufstiegsmöglich-. keiten oder führt er in eine Sackgasse?

- Welche gesellschaftliche Wertschätzung genießt der Beruf?

- Handelt es sich um sehr spezielle Berufsinhalte oder erlaubt der Berufsinhalt ein relativ leichtes Überwechseln in ähnliche/andere Berufe?

- Gibt es nach erfolgreicher Ausbildung überall Arbeitsplätze im beabsichtigten Beruf, oder muß ein Wohnortwechsel vorgenommen werden?

Berufsentscheidung richtig treffen

- Kann der Beruf nach beendeter Ausbildung sowohl in Groß- als auch in Kleinbetrieben ausgeübt werden?

- Muß in diesem Beruf mit Außendiensttätigkeit, Arbeit zu ungünstigen Zeiten, Schichtdienst, Telearbeit oder Einsatz auf wechselnden Arbeitsstellen gerechnet werden?

- Ist in dem ausgewählten Beruf eine große Anfälligkeit für Rationalisierung zu erkennen, so daß mit einem hohen Beschäftigungsrisiko und einem Verlust der beruflichen Qualifikation zu rechnen ist?

- Steckt die Branche in einer Krise oder in einer Schönwetterlage?

- Wird eine Neuordnung des angestrebten Berufs beabsichtigt, so daß die gegenwärtigen Berufsinhalte bald nicht mehr dem aktuellen Stand entsprechen?

- Gibt es politische Planungen, die sich auf den Beruf auswirken (z. B. pädagogischer Berufsbereich, medizinische Hilfsberufe)?

- Eröffnet der Beruf die Chance, sich später einmal selbständig zu machen?

- Welche artverwandten Berufe bieten sich an, falls meine Bemühungen scheitern, den zunächst ins Auge gefaßten Beruf zu ergreifen?

- Verschafft mit der gewählte Beruf ein Mindestmaß an Freude und Erfüllung, so daß er keine lästige Pflicht wird, sondern mich auch mittelfristig noch interessiert und mich zufrieden macht?

Besonderheiten beim Lebenslauf beachten

Lebensläufe von Schulabgängern müssen zwangsläufig anders aufgebaut sein als bei lebensälteren Bewerbern, die bereits mehrere verschiedene Lebensabschnitte durchlaufen haben.

Aufbau des Lebenslaufs

■ Überschrift „Lebenslauf"

■ Vor- und Zuname

■ Anschrift mit Telefon-/Telefax-Anschluß

■ Geburtsdatum, Geburtsort

■ Angaben zu Eltern und Geschwistern

■ Schulbildung sowie Zeitpunkt der Schulentlassung

■ Lieblingsfächer in der Schule

■ Hobbys

■ Besondere Fertigkeiten, Kenntnisse, Aktivitäten
Hierunter fallen beispielsweise:
  – erworbene Führerscheine
  – Fremdsprachenkenntnisse, die über Schulkenntnisse hinausgehen
  – Auslandsaufenthalte, die der Bildung dienten (z. B. Austausch-schüler in den USA)
  – soziales Engagement (z. B. Mitarbeit in Behindertenheimen, Deutsches Rotes Kreuz)
  – aktive Mitgliedschaft in der Jugend-Feuerwehr
  – Übernahme von Vereinsfunktionen
  – freiwillig belegte Kurse in der Freizeit
  – Ferienarbeit/Berufspraktika
  – erfolgreiche Teilnahme an Jugendwettbewerben

■ Berufswunsch

■ Ort, Datum

■ Eigenhändige Unterschrift mit Vor- und Zunamen

Eignung des Ausbildungsbetriebs prüfen

Nach dem Berufsbildungsrecht darf ein Betrieb nur dann ausbilden, wenn er die Fertigkeiten und Kenntnisse, die in der Ausbildungsordnung für den jeweiligen Beruf vorgesehen sind, vermitteln und der Auszubildende in ihm erste Berufserfahrungen erwerben kann. Diese Voraussetzungen werden von jedem Ausbildungsbetrieb erfüllt. Dennoch sollten vor Abschluß eines Ausbildungsvertrages folgende Fragen geklärt werden:

Prüfkriterien

■ Ist der Betrieb mit modernen Maschinen, Geräten, Apparaten, Werkzeugen, Pflege- und Wartungseinrichtungen ausgestattet?

■ Sind die mir vorliegenden Informationen über das Betriebsklima in diesem Unternehmen zufriedenstellend?

■ Besteht bei einer Stufenausbildung die Möglichkeit, alle Stufen in diesem Betrieb zu durchlaufen?

■ Mit welchen Ergebnissen haben Auszubildende dieses Betriebes bisher ihre Gesellen-, Gehilfen- oder Facharbeiterprüfungen abgeschlossen?

■ Macht der Betrieb zusätzlich zum Berufsschulunterricht die Teilnahme an weiterem Fachunterricht im Betrieb oder an überbetrieblichen Schulungen in berufsständischen Bildungseinrichtungen zur Pflicht?

■ Werden hauptberufliche Ausbilder eingesetzt, oder sind nebenamtliche Ausbildungsbeauftragte mit der Durchführung der betrieblichen Ausbildung befaßt?

■ In welchem Umfang wird in größeren Unternehmen auch ein praktischer Arbeitseinsatz außerhalb der Lehrwerkstatt ermöglicht?

■ Steht die Zahl der Auszubildenden in einem angemessenen Verhältnis zur Zahl der beschäftigten Fachkräfte (auf drei Fachkräfte sollte nicht mehr als ein Auszubildender kommen)?

■ Lohnt es sich wirklich, in diesem Betrieb eine Ausbildungsverkürzung ins Auge zu fassen, oder sollte im Interesse einer soliden Ausbildung die übliche Ausbildungsdauer veranschlagt werden?

■ Ist nach erfolgreicher Ausbildung eine Weiterbeschäftigung möglich?

Den Live-Auftritt intensiv vorbereiten

Diese Checkliste enthält auch banal klingende Hinweise, die bewußt nicht ausgeklammert wurden, sondern zur vollständigen Vorbereitung auf Ihren Live-Auftritt beitragen sollen.

Checkliste	Bereits erledigt
Gesprächstermin bestätigen und die Dauer des Vorstellungsgesprächs ermitteln	❏

Indem Sie sich telefonisch für den Gesprächstermin bedanken und erkennen lassen, daß Sie sich auf das Zusammentreffen freuen, hinterlassen Sie den Eindruck eines höflichen und interessierten Bewerbers. Möglicherweise fragen Sie auch nach Informationsmaterial über die Firma (siehe Seite 48) und die voraussichtliche Gesprächsdauer.

Freizeit für Stellensuche beantragen	❏

Befinden Sie sich gegenwärtig in einem gekündigten oder demnächst als Folge eines Auflösungsvertrages endenden Arbeitsverhältnis, ist der Arbeitgeber verpflichtet, Ihnen eine angemessene Freizeit für die Stellensuche zu gewähren. Ist die Arbeitsversäumnis unter Berücksichtigung aller Umstände als „verhältnismäßig nicht erheblich" anzusehen, besteht für diese Freizeit auch ein Vergütungsanspruch. Informieren Sie rechtzeitig Ihren gegenwärtigen Arbeitgeber über Ihre Abwesenheit, damit er sich darauf einrichten kann. Vorsorglich sparen Sie sich auch noch einige Urlaubstage auf.

Rechtzeitige Anreise planen – Verkehrsverbindungen heraussuchen	❏

Selbstverständlich werden Sie rechtzeitig an Ort und Stelle eintreffen, möglichst einige Minuten früher, um noch einmal Ihr Äußeres zu überprüfen und sich in Ruhe auf die vor Ihnen liegende Aufgabe zu konzentrieren. Auch Ihre Anfahrt/Anreise werden Sie generalstabsmäßig planen, denn Sie wissen: „Wer zu spät kommt, den bestraft das Leben!"

Den Live-Auftritt intensiv vorbereiten

Checkliste	Bereits erledigt

Überzeugende Begründungen zu meinen Schwachstellen formulieren ☐

(siehe Seite 23)

Bewerbungsunterlagen durchsehen ☐

Sie sehen noch einmal die Durchschriften Ihrer dem Arbeitgeber vorliegenden Bewerbungsunterlagen durch, damit Ihre mündlichen Aussagen mit den schriftlichen Unterlagen übereinstimmen.

Gekonnte Selbstdarstellung üben ☐

Es darf Ihnen keine Schwierigkeiten bereiten, Ihren Lebensweg und Ihre Ambitionen wirkungsvoll und ohne Stottern darzustellen. Zwar sollten Sie sich hierbei an Ihrem Lebenslauf orientieren, was aber nicht dazu führen darf, diesen schematisch abzuspulen. Vielmehr sollten Sie mit einer interessanten und kurzweiligen Darstellung Pluspunkte sammeln. Üben Sie dies rechtzeitig zu Hause!

Erkundigungen über den potentiellen Arbeitgeber einholen ☐

(siehe Seite 47)

Schwerpunkte der in Aussicht genommenen Tätigkeit sowie das voraussichtliche Anforderungsprofil ermitteln ☐

Wissen oder erahnen Sie die Soll-Vorgaben des anvisierten Arbeitsplatzes, können Sie sich hierauf einstellen. Sie erschließen alle möglichen Quellen, so z. B.:

- Aufgabenbeschreibungen
- Text der Stellenanzeige
- abrufbereite Hinweise im Berufsinformationszentrum des Arbeitsamtes

Bereits erledigt

- ■ Leitfäden, Berufsreporte, Berufsbeschreibungen
- ■ Informationen von Inhabern entsprechender Stellen
- ■ Informationen von Betriebsangehörigen

Auf voraussichtliche Gesprächspartner einstellen ❏

(siehe Seite 55)

Auf zu erwartende Fragen vorbereiten ❏

(siehe Seiten 58 bis 58 ff.)

Eigene Fragen zusammenstellen ❏

(siehe Seiten 70 bis 70 ff.)

Für angemessene Gesamterscheinung sorgen ❏

- ■ „Passende Kleidung" vorsehen. Welche Kleidung „paßt", muß nach der Branche, dem Aufgabengebiet, der Funktion und der hierarchischen Einordnung des begehrten Arbeitsplatzes beurteilt werden.
- ■ Für eine gepflegte Haar- und Barttracht sorgen.
- ■ Achten Sie auf den Zustand Ihrer Fingernägel. Tiefschwarze Trauerränder oder eingerissene/abgekaute Fingernägel wirken in vielen Berufen deklassierend.
- ■ Bei der Wahl des Make-up und des Nagellacks gehen Sie dezent vor, um nicht als wandelnder „Malkasten„ oder „exotischer Paradiesvogel" zu erscheinen.
- ■ Ein aufdringliches Parfum, ein penetrantes Rasierwasser oder ein stark duftendes Deodorant wirken als Geruchsbelästigung. Gleiches trifft auf einen intensiven Schweißgeruch und eine Alkoholfahne zu!
- ■ Geputzte Schuhe ohne „abgelatschte" Absätze sollten selbstverständlich sein.
- ■ Vermeiden Sie Auffälliges, Extravagantes oder Verblüffendes. Damit vermeiden Sie, daß sich Ihr Gesprächspartner gefühlsmäßig von Ihnen entfernt und Sie sogleich ablehnt.

Den Live-Auftritt intensiv vorbereiten

Bereits erledigt

Mitzunehmendes nicht vergessen

- Einladungsschreiben ❏
- Durchschrift meiner Terminbestätigung ❏
- Ausgeschnittene und auf ein gesondertes Blatt geklebte Stellenanzeige ❏
- Durchschriften von Bewerbungsschreiben und Lebenslauf ❏
- Originale meiner Zeugnisse, sofern der Bewerbung unbeglaubigte Kopien beigefügt wurden ❏
- Kopie eines möglicherweise im Vorfeld ausgefüllten Personalfragebogens ❏
- Firmenprofil einschließlich zugehörigem Informations- material (siehe Seite 49) ❏
- Arbeitsproben, sofern die Vorlage vom Betrieb gewünscht wird oder ich mit ihnen besondere Pluspunkte erzielen möchte (siehe Seite 31) ❏
- Aufstellung von Referenzen, sofern dies vom Unternehmen gewünscht wird (siehe Seite 33) ❏
- Eigene Fachveröffentlichungen ❏
- Liste der für mich wichtigen Fragen (siehe Seite 70) ❏
- Notizblock ❏
- Funktionierender Kugelschreiber einschließlich Ersatz ❏
- Personalausweis/Führerschein ❏
- Genügend Geld ❏
- Reise ich am Vortag an, sehe ich für das Vorstellungs- gespräch einen kompletten Extrasatz Bekleidung vor ❏

Bereits erledigt

Marktwert der angestrebten Tätigkeit für die Gehaltsverhandlung ermitteln ❏

(siehe Seite 75)

Physische Bedürfnisse berücksichtigen ❏

- Sie gehen ausgeruht in das Gespräch.
- Sie essen nicht zu viel und nicht zu schwer.
- Sie nehmen leichte Kost zu sich.
- Sie verzichten auf alkoholische Getränke.
- Sie planen vor dem Gespräch den Gang zur Toilette ein.

Sich über den Arbeitgeber rechtzeitig informieren

Sie wollen von sich im Vorstellungsgespräch den Eindruck eines gut vorbereiteten und ernsthaft interessierten Bewerbers vermitteln, der nicht irgendeinen Arbeitsplatz besetzen möchte, sondern sich um die jetzt im Mittelpunkt stehende Stelle bei diesem Arbeitgeber bemüht.

Tip: Stehen Ihnen Basisinformationen über das Unternehmen zur Verfügung, die Sie geschickt in das Gespräch einfließen lassen können, erhöhen sich Ihre Chancen.

Wichtig können grundlegende Informationen sein über

- Größe, Umsatz, Gewinn, Mitarbeiterzahl
- Hauptsitz und Niederlassungen
- Produktionsprogramm
- Gesellschaftsform, Inhaber
- Name des Firmengründers/historische Entwicklung
- wirtschaftliche Lage des Unternehmens, des Wirtschaftszweiges
- Zukunftsaussichten der Firma
- bekanntes Firmenmotto

Sich über den Arbeitgeber rechtzeitig informieren

Ihre Informationsquellen

■ Oft enthalten Stellenanzeigen vielfältige Informationen. Lesen Sie noch einmal in Ruhe aufmerksam und gründlich die Stellenanzeige durch.

■ Wurde Ihnen der freie Arbeitsplatz vom Arbeitsamt nachgewiesen, bitten Sie den Arbeitsberater/Vermittler um nähere Hinweise. Dieser kennt im Regelfall die Stellenanbieter in seinem Arbeitsamtbezirk und kann Ihnen behilflich sein.

■ Bestätigen Sie telefonisch den Vorstellungstermin (siehe Seite 43), können Sie bei dieser Gelegenheit auch höflich um Übersendung eventuell vorhandener Informationsmaterialien bitten.

■ Relativ einfach ist es, wichtige Informationen über Großunternehmen zu erhalten, da diese einen hohen Bekanntheitsgrad aufweisen. So gibt die Wirtschaftsredaktion der Frankfurter Allgemeine Zeitung (Postfach, 60267 Frankfurt/Main) in jährlicher Neuauflage wesentliche Hinweise über die 400 größten deutschen Unternehmen auf Diskette heraus.

Auf der CD-ROM „Perspektiven" vom Staufenbiel-Institut, Postfach 10 35 43, 50475 Köln, werden mehr als 120 Unternehmen multimedial präsentiert.

Auch „Hoppenstedts Handbuch der Großunternehmen" können Sie als Informationsquelle nutzen.

Im Internet sind auf den Homepages fast aller großen Unternehmen Unternehmensprofile mit Geschäftsberichten, aktuellen Informationen und Pressemeldungen abrufbar.

Einige Jobbörsen im Internet halten auch Firmendaten bereit.

■ Für kleinere Unternehmen gibt es Nachschlagewerke, so z. B.:
  – Handbuch der mittelständischen Unternehmen
  – Firmen der neuen Bundesländer
  – ABC-Info (4 Bände)
  – Die Top 5000 Unternehmen in Deutschland

– Das deutsche Firmenalphabet

– Verbände, Behörden, Organisationen der Wirtschaft

– Kompaß Deutschland

– Firmenspiegel für Bewerber

– Taschenbuch des öffentlichen Lebens

Prüfen Sie, ob Sie beim Arbeitsamt, der nächstgelegenen öffentlichen Bücherei oder bei der Industrie- und Handelskammer oder Handwerkskammer in diese Bücher einsehen können.

■ Legte der zum Vorstellungstermin einladende Betrieb seinem Schreiben bereits Informationsmaterial bei, sind Sie „aus dem Schneider". Allerdings sollten Sie diesem „Wink mit dem Zaunpfahl" folgen und das Material gründlich auswerten.

■ Kennen Sie bereits Mitarbeiter des Unternehmens, bitten Sie diese um Informationen. Sie erhalten Hinweise aus erster Hand, die mit Insider-Wissen angereichert sind.

■ Ihrem Spürsinn setzen Sie keine Grenzen. So können Sie auch folgende Informationsquellen auswerten:

– Geschäftsfreunde, Lieferanten, Kunden, die über Kontakte zu der Firma verfügen

– Branchen-Informationsdienste

– Geschäftsberichte und Bilanzveröffentlichungen

– Wirtschaftsmagazine und -zeitungen (z.B. „Capital", „Handelsblatt", „Wirtschaftswoche")

– Wirtschaftsteil Ihrer Tageszeitung

– Gelbe Seiten der Deutschen Telekom

– Kataloge, Werbeprospekte, Produktinformationen

Wichtig:

Die zusammengetragenen grundlegenden Informationen fassen Sie in einem Firmenprofil zusammen.

Persönliche Wirkung verbessern

Sie sollten frühzeitig Ihre Möglichkeiten überdenken, mit denen Sie bei Ihrem Gegenüber positive Gefühle wecken und damit zu einer angenehmen Gesprächsatmosphäre beitragen können. Beachten Sie deshalb die zehn folgenden Regeln.

1. Ich betreibe positive Autosuggestion

Daß Sie für den Betrieb interessant sind, hat der Arbeitgeber mit seiner Einladung zum Vorstellungsgespräch signalisiert. Sie haben einiges zu bieten. Befürchtungen und Selbstzweifel sind also nicht angebracht, weil sie nur destruktiv und leistungshemmend wirken. Legen Sie sich positive Aussagen zurecht, z. B.:

■ „Ich bin gut drauf und habe viel zu bieten, ich freue mich auf das Gespräch."

■ „In meinem Leben habe ich schon viele Situationen bestens überstanden. Nach meiner guten Vorbereitung wird das Gespräch auch prima verlaufen."

Und kurz vor Gesprächsbeginn vergegenwärtigen Sie sich:

„Ich atme jetzt tief ein.

Ich hebe selbstbewußt den Kopf.

Ich bin bestens vorbereitet.

Ich denke an etwas Positives.

Ich entspanne mich.

Ich freue mich auf das Gespräch!"

2. Ich baue Lampenfieber ab und gewinne mehr Sicherheit

(siehe Seite 53)

3. Ich bemühe mich um einen positiven ersten Eindruck

- Sie klopfen selbstbewußt an (weder rücksichtslos mit der Faust noch übervorsichtig und zaghaft).

- Sie öffnen die Tür, treten mit erhobenem Kopf sofort in den Raum und bleiben nicht unterwürfig und verlegen an der Tür stehen.

- Sie stellen sich gut vernehmlich mit einer angedeuteten Verbeugung und einem freundlichen Gesichtsausdruck vor: „Guten Tag, mein Name ist …, Sie haben mich zu einem Gespräch eingeladen."

- Sie ergreifen die Ihnen zum allgemein üblichen Handschlag entgegengestreckte Hand und drücken sie fest (aber nicht zu kräftig) und kurz, wobei Sie Ihren Gesprächspartner ansehen.

- Sie achten genau auf den bei der Vorstellung genannten Namen Ihres Gesprächspartners und merken ihn sich.

- Sie setzen sich, nachdem Ihnen der Gesprächspartner einen Platz angeboten hat.

- Sie fragen: „Gestatten Sie, daß ich mich setze?", sofern das Gegenüber keine Anstalten macht, Sie zum Sitzen einzuladen.

- Sie nehmen selbstbewußt auf dem Stuhl Platz. Sie setzen sich ganz auf den Stuhl und bleiben nicht auf der vorderen Kante hocken.

- Sie sitzen aufrecht und sacken nicht in sich zusammen. Die Füße werden nicht um die Stuhlbeine geschlungen, sondern stehen nebeneinander auf dem Boden.

- Sie legen Ihre Hände vor sich auf den Tisch, so daß sie für eine ausdrucksstarke Gestik zur Verfügung stehen.

- Sie deponieren Notizblock und Kugelschreiber in Reichweite.

4. Ich spreche meinen Gesprächspartner mit seinem Namen an

Reden Sie Ihren Gesprächspartner mit seinem (richtigen!) Namen an, wird dies stets bewußt oder unbewußt als Zeichen Ihrer Wertschätzung empfunden.

5. Ich zeige grundsätzlich einen freundlichen Gesichtsausdruck

Wem macht es schon Freude, mit einem ausdruckslos, ablehnend, mißmutig oder unsicher dreinblickenden Menschen zu sprechen? Führen wir aber mit

Persönliche Wirkung verbessern

einem freundlich und entspannt blickenden Menschen ein Gespräch, baut sich schnell Sympathie auf - und diese ist eine wünschenswerte Basis für das Gespräch.

6. Ich pflege Blickkontakt

Weil fehlender Blickkontakt zumeist Unsicherheit vermuten läßt und ein vertrauensvolles Gesprächsklima verhindert, gewöhnen Sie sich unbedingt an, Ihren Mitmenschen freundlich, frei und furchtlos in die Augen zu schauen. Vermeiden Sie aber ein längeres Anstarren, welches als aufdringlich und bedrohlich empfunden wird.

7. Ich höre meinem Gesprächspartner aktiv zu

Zuhören genügt nicht, Ihr Gesprächspartner sollte Ihr Zuhören auch bemerken, indem Sie

- Anerkennungsbemerkungen von sich geben,
- ihn nicht unterbrechen,
- besonders wichtige Aussagen sogleich notieren,
- bei Unklarheiten sofort nachfragen.

8. Ich setze gezielt Gestik und Mimik ein

Keinesfalls werden Sie Ihre Arme vor der Brust gekreuzt verschränken. Diese gefesselte Armhaltung wird als Indiz dafür gewertet, daß Sie sich bedroht fühlen und sich in sich zurückziehen. Sie legen besser Ihre Hände ruhig auf den vor Ihnen stehenden Tisch, womit Sie Offenheit signalisieren und intuitiv zeigen, daß Sie nichts zu verbergen haben.

Aus dieser Grundstellung heraus unterstreichen Sie durch passende Gestik das gesprochene Wort. Hierzu benötigen Sie keinen Schauspielunterricht. Es genügt schon, wenn Sie sich ganz natürlich verhalten.

Über Ihre mimischen Ausdrucksmöglichkeiten verstärken Sie Ihre Aussagen gemäß deren Charakter, Bedeutung und Verbindlichkeit.

9. Ich achte auf eine gute Sprechtechnik

- Sie variieren Sprechtempo, Betonung, Lautstärke, Stimmlage und Sprechpausen und erzeugen so eine abwechslungsreiche Sprechmelodie.
- Sie sprechen weder zu langsam noch zu schnell.
- Sie denken an eine klare und deutliche Aussprache.

10. Ich pflege meine Sprache

Bei Fach- und Führungskräften, die regelmäßig eine gute Kommunikationsbereitschaft und -fähigkeit aufweisen müssen, ist es schon wichtig, wie mit der Sprache umgegangen wird. Negativ fallen insbesondere folgende Mängel ins Gewicht:

- „Weichmacher", mit denen häufig ein mangelndes Selbstbewußtsein oder ein starkes Absicherungsbedürfnis einhergeht (z. B. Ich würde sagen ..., ich möchte meinen ..., normalerweise könnte ich ...).
- Häufige Verwendung von Passiv-Aussagen (z. B. Ich wurde eingesetzt, verwendet, beauftragt ...). Aktiv-Aussagen wirken dynamischer und lebendiger (z. B. Ich bin verantwortlich für ..., ich koordiniere ..., ich übe ... aus).
- Hauptsätze, die mit vielen Nebensätzen angereichert werden, so daß es schwierig wird, den Sinn zu verstehen.
- Hauptwörter auf -ung erzeugen einen schwerfälligen Sprechstil.
- Mode- oder Schlagwörter mögen zwar „in" sein, tragen aber zur Sprachverkümmerung bei.

Lampenfieber gezielt abbauen

Lampenfieber ist eine völlig normale körperliche Reaktion in Gefahrenmomenten und Angstsituationen.

Sie müssen versuchen, das Lampenfieber zu beherrschen, damit die geistige Leistungsfähigkeit nicht zu stark in Mitleidenschaft gezogen wird. Um die Lampenfieberkurve zu reduzieren, bieten sich mehrere Möglichkeiten an.

Lampenfieber gezielt abbauen

Regel 1:

Machen Sie sich bewußt, daß die Situation nicht extrem gefahrvoll ist.

Es geht hier nicht um Sein oder Nichtsein. Wenn Sie Ihr Bestes geben, haben Sie alles in Ihrer Macht Liegende getan. Auch bei einer Absage geht die Welt nicht unter.

Regel 2:

Vergegenwärtigen Sie sich, daß Sie kein Bittsteller sind.

Sie sollten sich Ihres Wertes bewußt sein, Sie haben allerhand zu bieten. Dies weiß der Betrieb, denn einen uninteressanten Bewerber hätte man nicht zum Gespräch eingeladen.

Regel 3:

Etwas Nervosität fällt überhaupt nicht ins Gewicht.

Personalleute erwarten nicht unbedingt die Sicherheit eines „alten Hasen", insbesondere dann nicht, wenn für den Stellensuchenden die Bewerbungssituation neu ist.

Regel 4:

Erfahrungsgemäß ist das Lampenfieber bei Gesprächsbeginn besonders deutlich zu spüren.

Nach einigen Momenten sind Sie so stark auf das Gespräch konzentriert, daß Sie die Auswirkungen des Lampenfiebers nicht mehr bemerken.

Regel 5:

Je häufiger Sie an Vorstellungsgesprächen teilnehmen, desto schneller schwächen sich Ängste vor dieser Situation ab.

Nutzen Sie also jede Einladung zu einem Vorstellungsgespräch zu Ihrem psychischen Training.

Regel 6:

Bereiten Sie sich gewissenhaft auf jedes Vorstellungsgespräch vor.

Gute Vorbereitung ist auch hier der halbe Erfolg!

Regel 7:

Atmen Sie ruhig!

Sind Sie aufgeregt, wird Ihr Atem unwillkürlich kürzer, und die Gefahr vergrößert sich, daß Ihnen „die Puste ausgeht". Tiefatmung wirkt spannungsmindernd und trägt zur Beruhigung des Körpers bei, so daß Sie ruhiger, sicherer und überzeugender wirken.

Regel 8:

Lenken Sie sich unmittelbar vor Gesprächsbeginn ab.

Intensive Atemübungen, verbunden mit einem Ausschütteln der Hände und einem kräftigen Sich-Strecken wirken entspannend.

Regel 9:

Sie haben sich auf einen positiv wirkenden Gesprächsauftakt vorbereitet.

Gelingt es Ihnen, auf den häufig zu Gesprächsbeginn geäußerten Wunsch nach Darstellung Ihres bisherigen Werdeganges einen interessant, lebendig und anschaulich dargestellten Lebenslauf vorzutragen, verlieren Sie Ihre anfänglichen Beklemmungen und können Pluspunkte sammeln.

Mit diesen Gesprächspartnern haben Sie es zu tun!

Während sich viele Inhaber kleinerer Betriebe die Auswahl neuer Mitarbeiter nicht nehmen lassen, wächst häufig mit der Größe des Unternehmens auch die Anzahl der am Bewerbungsverfahren teilnehmenden Personen auf der Arbeitgeberseite. Es soll nach dem Motto „Viele Augen sehen mehr als zwei" eine „abgerundete" Personalentscheidung getroffen werden.

Mit diesen Gesprächspartnern haben Sie es zu tun!

Vertreter der Personalabteilung ...

- klärt noch offene Fragen zu den Bewerbungsunterlagen
- prüft die persönliche Eignung
- gibt eine allgemeine Einführung in die Verhältnisse des Unternehmens
- klärt Fragen zur Gestaltung des Arbeitsvertrages

Fachvorgesetzter ...

- prüft die fachliche Eignung
- bildet sich ein Urteil darüber, ob der Bewerber in das betriebliche Umfeld paßt, ob die „persönliche Chemie" stimmt
- informiert – falls sich dies nach dem Gesprächsverlauf anbietet – über Einzelheiten zum Arbeitsplatz

Leiter der Fachabteilung ...

- begutachtet die Eignung des Bewerbers aus der Sicht seines Bereichs

Betriebsrat ...

- nimmt teil im Rahmen seines Mitbestimmungsrechts bei Personaleinstellungen (nicht bei der Einstellung leitender Mitarbeiter)
- achtet darauf, daß die vorgesehene Personalmaßnahme nicht zu ungerechtfertigten Nachteilen für die im Betrieb beschäftigten Arbeitnehmer führt
- verschafft sich ein Bild davon, ob der Bewerber zu betriebsstörendem Verhalten neigt

Betriebspsychologe ...

- soll durch Einsatz seiner eignungsdiagnostischen Kenntnisse helfen, die Personalentscheidung abzusichern

Auf Fragen sachlich und präzise antworten

Checkliste

- Ich zeige keine extremen/krassen Reaktionen. Ich mache weder etwas völlig herunter, noch stimme ich Lobeshymnen an, sondern bleibe mit meinen Aussagen „auf dem Teppich".

- Ich ziehe auf keinen Fall über andere Personen (z. B. frühere Ausbilder, Kollegen, Vorgesetzte) her, weil dies einen dunklen Schatten auf mich werfen könnte.

- Ich platze nicht spontan mit einer Antwort heraus, da ich sonst als impulsiver Mensch eingeordnet werde, dem ein überlegtes und ausgewogenes Reagieren schwerfällt. Besser ist es, hin und wieder vor meiner Antwort einen Moment zu warten und meine Gedanken zu sammeln.

- Ich lasse mich durch Pausen im Gespräch nicht irritieren und spreche auch nicht weiter, um die Pause zu füllen.

- Ich rede weder zu viel noch zu weitschweifig. Vermittle ich von mir den Eindruck eines Vielschwätzers, wird sich jeder Interviewer fragen, ob ich überhaupt noch Zeit für die Bewältigung beruflicher Aufgaben.

- Ich verhalte mich weder einsilbig noch wortkarg, um nicht wegen fehlender Kommunikationsfähigkeit und Kooperationsbereitschaft einen Mißerfolg zu provozieren.

- Ich antworte nicht mehr als gefragt wird. Während bei Prüfungen eine angenehme Frage zu umfangreichen Ausführungen veranlaßt, wäre dies in der Vorstellungssituation nicht ratsam. Von mir wird erwartet, daß ich im beruflichen Alltag „auf den Punkt komme".

- Ich habe keinen Anlaß, ein angestrengtes/todernstes Gesicht zu machen. Es geht hier doch nicht um eine hochpeinliche Befragung oder eine psychische Folter, sondern lediglich um einen notwendigen Informationsaustausch zwischen Arbeitgeber und Bewerber. Zwischendurch zeige ich immer wieder ein leichtes Lächeln, womit ich nicht nur einen guten Eindruck von mir vermittle, sondern auch den unvermeidlichen Streß besser bewältige und einer Verkrampfung vorbeuge.

Mit diesen Fragen müssen Sie rechnen!

Dieses Trainingsprogramm enthält häufig in Vorstellungsgesprächen gestellte Fragen. Sie werden feststellen, daß auch einige unzulässige Fragen (siehe Seite 68) dabei sind. Im Rahmen Ihrer „Rundum-Vorbereitung" sollten Sie sich auch mit diesen beschäftigen, damit Sie im Vorstellungsgespräch auf keine Frage eine Antwort schuldig bleiben.

Ihr Trainingsprogramm

Fragen zur persönlichen Situation

- Wo wurden Sie geboren, und wo verbrachten Sie Ihre Kindheit?

- Welche Berufe übten Ihre Eltern aus?

- Waren Ihre Eltern in Ihrer Kindheit berufstätig? In welchen Berufen?

- Haben Sie Geschwister? Was machen diese heute beruflich?

- Wie lange lebten Sie zu Hause? Wann stellten Sie sich finanziell auf eigene Füße?

- Gehörten Sie Jugendgruppen an? Welche Stellung nahmen Sie in ihnen ein?

- Was tun Sie in Ihrer Freizeit? Welchen Hobbys gehen Sie nach?

- Welche Rolle spielt dabei Ihre Familie?

- Wo würden Sie am liebsten leben?

- Wie empfanden Sie persönlich den Wehrdienst/Zivildienst? Welchen Nutzen hatten Sie davon?

- Sind Sie ganz gesund? Welche ernsteren Krankheiten, Operationen, Unfälle hatten Sie? Liegen andere Erwerbseinschränkungen vor?

Fragen zur familiären und gesellschaftlichen Situation

- Welche Bedeutung hat für Sie Ihre Familie?

- Wie lange sind Sie schon verheiratet?

- Wie verstehen Sie sich mit Ihrem Partner?

- ■ Welchen Beruf übt Ihr Partner aus?

- ■ Haben Sie Kinder? Welche Schulen besuchen Ihre Kinder?
  Wie sehen die Pläne für die Zukunft Ihrer Kinder aus?

- ■ Ist jemand in Ihrer Familie leidend?

- ■ Haben Sie Grundbesitz? Sind Sie örtlich beweglich?

- ■ Was ist Ihnen bei einer Wohnung wichtig? Wie hoch soll maximal
  die Miete sein?

- ■ Besitzen Sie ein Kraftfahrzeug? Welcher Typ? Zufrieden?

- ■ Beabsichtigen Sie demnächst zu heiraten?

- ■ Waren Sie schon einmal verheiratet?

- ■ Für wie viele Personen sorgen Sie?

- ■ Wie steht Ihr Partner zu Ihrer Bewerbung bei uns?

- ■ Wäre Ihre Familie mit einem Umzug und einem Schulwechsel
  der Kinder einverstanden?

- ■ Ist Ihr Partner mit einer Tätigkeit im Schichtdienst/Außendienst
  einverstanden?

- ■ Haben Sie zu Hause die Möglichkeit, bei Schichtdienst während
  des Tages ungestört zu schlafen?

- ■ Reisen Sie in Ihrem Urlaub gerne, oder verbringen Sie diese Zeit
  lieber daheim?

- ■ Sind Sie in Vereinen/Organisationen aktiv tätig?

- ■ Erwartet Ihre Familie, daß Sie in Ihrer Freizeit für sie da sind?

- ■ Wie groß ist Ihr Freundeskreis? Wie intensiv ist der Kontakt zu Ihren
  Freunden und Bekannten?

- ■ Üben Sie Nebentätigkeiten oder Nebenämter aus?

Fragen zum Bildungsweg

- ■ Welche Schulen haben Sie besucht?

- ■ Sind Sie gerne zur Schule gegangen?

- ■ Warum haben Sie Ihre Schulbildung mit der Haupt-/Realschule
  beendet und nicht weitergeführt?

Mit diesen Fragen müssen Sie rechnen!

- Warum haben Sie die Haupt-/Real-/Ober-/Fachhoch-/Hochschule nicht beendet?

- Welche Fächer interessierten Sie in der Schule besonders, welche Fächer bereiteten Ihnen weniger Freude?

- Warum wollen Sie nicht studieren?

- Interessierte Sie schon während Ihrer Schulzeit ein bestimmter Beruf besonders? Wodurch änderten sich dann Ihre beruflichen Vorstellungen?

- Aus welchen Gründen wechselten Sie während Ihrer Ausbildung/ Ihres Studiums die Fachrichtung?

- Weshalb haben Sie länger als üblich für den Abschluß gebraucht?

- Waren Sie Mitglied in Schüler-/Studentenorganisationen? Übernahmen Sie dort auch Aufgaben?

- Aus welchen Gründen entschlossen Sie sich zu der Ausbildung? …? Wie standen Ihre Eltern zu dieser Berufswahl?

- Denken Sie noch gern an Ihre Lehrzeit und den Lehrbetrieb sowie an die Berufsschulzeit zurück?

- Haben Sie während Ihrer Lehrzeit/Ihres Studiums noch zusätzlich Geld verdient?

- Weshalb haben Sie den Ausbildungsbetrieb gewechselt?

- Weshalb übernahm Sie Ihr Ausbildungsbetrieb nach erfolgreichem Berufsabschluß nicht in ein Arbeitsverhältnis?

- Wie haben sich Ihre ursprünglichen Erwartungen im beruflichen Bereich erfüllt?

- Haben Sie das Gefühl, daß Ihre Dienstzeit in der Bundeswehr bzw. Ihr Zivildienst zu Ihrem Beruf in Beziehung gebracht werden kann?

- Welche Weiterbildungen absolvierten Sie während Ihres Berufslebens? Haben Sie in absehbarer Zeit Pläne?

- Sie haben an so vielen Weiterbildungen teilgenommen, daß ich mich frage, ob Sie überhaupt noch Zeit zum Arbeiten hatten.

Fühlen Sie sich so unsicher, daß Sie sich zunächst immer erst ausbilden lassen?

■ Haben sich Ihre Investitionen in Ihre Weiterbildung gelohnt?

■ Wieso haben Sie in Ihrer Gesellen-/Facharbeiter-/Gehilfenprüfung eher schwache Noten erhalten?

■ Wie würden Sie sich heute entscheiden, wenn Sie noch einmal als Schulabgänger vor der Berufswahl stünden?

■ Halten Sie Ihren Berufsweg für konsequent?

■ Wie sieht es mit Ihren Fremdsprachenkenntnissen aus? Können wir unser Gespräch in … fortsetzen?

■ Welche Erfahrungen besitzen Sie in der Datenverarbeitung?

■ Was halten Sie von der gegenwärtigen Wirtschaftslage/Arbeitsmarktlage?

Fragen zu früheren Arbeitsverhältnissen

■ Weshalb wollen Sie Ihren jetzigen Arbeitgeber verlassen?

■ Was ist der Grund, daß Sie nach so kurzer Zeit bei Firma … erneut wechseln wollen?

■ Gehen Sie nicht ein hohes Risiko ein, in einer wirtschaftlich und arbeitsmarktpolitisch schwierigen Zeit einen Arbeitsplatzwechsel zu versuchen?

■ Welche Aufgaben hatten Sie bei Firma … zu erledigen?

■ Wem waren Sie unterstellt?

■ Was hat Sie bei dieser Tätigkeit am meisten und was am wenigsten befriedigt?

■ Wie war die Zusammenarbeit mit Ihren bisherigen Vorgesetzten und Kollegen?

■ Weshalb wechselten Sie von Firma … zu Firma …?

■ Bei wem können wir über Sie Auskünfte einholen?

■ Wieviel Freiraum hatten Sie in Ihren Arbeitsverhältnissen?

■ Trafen Sie in früheren Arbeitsverhältnissen Entscheidungen, für die eigentlich Ihr Vorgesetzter zuständig gewesen wäre?

Mit diesen Fragen müssen Sie rechnen!

- Wie viele Mitarbeiter waren Ihnen unterstellt?
- Welche Kompetenzen und Verantwortung besaßen Sie?
- Konnten Sie auch neue Ideen vortragen und realisieren? Welche Ideen?
- Übten Sie bereits unterrichtende/unterweisende Funktionen aus?
- Wann haben Sie das letzte Mal einen Vortrag gehalten? Berichten Sie bitte von diesem Auftritt.
- Bitte nennen Sie zwei schwierige Situationen, vor denen Sie in letzter Zeit gestanden haben. Wie bewältigten Sie diese Situationen?
- Welche Aufgaben bereiten Ihnen auch heute noch Schwierigkeiten? Wie wollen Sie diese Schwächen ausmerzen?
- Die Angaben in Ihren Zeugnissen decken sich nicht in allen Punkten mit Ihren heutigen Aussagen. Wie ist das möglich?
- Warum haben Sie vor Ihrer Bewerbung bei uns nie den Arbeitgeber gewechselt?
- Sie waren sehr lange in einem Aufgabengebiet tätig. Weshalb strebten Sie keine berufliche Weiterentwicklung an?
- Warum haben Sie Ihre Arbeitgeber so oft gewechselt?
- Weshalb ist es so schwierig, in Ihrem beruflichen Werdegang bei den vielen unterschiedlichen Tätigkeiten einen roten Faden zu erkennen?
- Sind Sie bereit, bei uns länger zu bleiben?
- Sie waren bisher nur in Großunternehmen tätig. Welche Unterschiede zu uns, einem mittelständischen Unternehmen, glauben Sie zu erkennen, und wie werden Sie damit umgehen können?
- Bisher waren Sie nur in kleineren Betrieben tätig. Ob Sie sich an das Klima eines Großunternehmens gewöhnen können?
- Weshalb nahmen Sie eine Tätigkeit bei einer Zeitarbeitsfirma auf?
- Welchen Grund gibt es, daß in Ihrem Lebenslauf die Zeit von ... bis ... unerwähnt blieb?

- Weshalb haben Sie bis zum bitteren Ende bei Ihrem in Konkurs gegangenen Arbeitgeber ausgehalten?

- Wie sieht ein typischer Arbeitstag bei Ihrem Arbeitgeber aus?

- Könnten wir uns einmal mit einem Ihrer früheren Vorgesetzten unterhalten?

- Könnten Sie sich vorstellen, irgendwann noch einmal in Ihrem vorigen Betrieb zu arbeiten?

- Wann können Sie bei uns anfangen?

Wie intensiv hat sich der Bewerber mit dem Unternehmen beschäftigt?

- Woher haben Sie erfahren, daß diese Stelle bei uns frei ist?

- Welche Aussage in unserer Anzeige hat Sie besonders angesprochen?

- Haben Sie sich schon einmal bei uns beworben? Weshalb kam es damals nicht zu einer Einstellung?

- Arbeiten bereits Verwandte, Bekannte, Freunde von Ihnen bei uns?

- Was haben Sie von unserer Firma gehört? Wissen Sie, wer der Gründer unserer Firma war? Was produzieren wir? Wie hoch schätzen Sie unseren Umsatz? In welchen Städten Deutschlands sind wir vertreten? Wie hoch werden momentan die Aktien unseres Hauses gehandelt?

- Was schätzen Sie an unserem Unternehmen, daß Sie sich hier bewerben?

- Welche Vorstellungen haben Sie von einer Tätigkeit bei uns?

- Können Sie sich auch unangenehme Seiten bei diesem Arbeitsplatz vorstellen? An welche denken Sie zum Beispiel? Wie könnten Sie diese bewältigen?

- Mit welchen Schwierigkeiten rechnen Sie bei Antritt einer neuen Stelle?

- Haben Sie bereits vergleichbare Aufgaben wahrgenommen?

- Würden Sie später auch in einer unserer Auslandsniederlassungen arbeiten? Wo besonders gern? Weshalb?

Mit diesen Fragen müssen Sie rechnen!

- Unter welchen Bedingungen wären Sie mit einer Versetzung zu einem unserer Zweigwerke einverstanden?

Fragen zur Motivation

- Welche Aufgaben möchten Sie jetzt übernehmen?
- Was würden Sie am liebsten tun, wenn Sie es sich frei aussuchen könnten?
- Weshalb haben Sie sich gerade für diese Stelle beworben?
- Welche Änderungen an diesem Arbeitsplatz können Sie sich im Falle einer Einstellung vorstellen?
- Welche Ziele wollen Sie in fünf Jahren erreicht haben? Wie stellen Sie sich Ihre berufliche Entwicklung bei uns vor?
- Weshalb können Sie diese Ziele nicht bei Ihrem jetzigen Arbeitgeber erreichen?
- Bei uns wird kooperativ geführt. Was verstehen Sie darunter?
- Was ist Ihnen an einem Arbeitsplatz besonders wichtig?
- Welche Stelle würde Sie sonst noch interessieren?
- Welche Tätigkeiten würden Sie nicht interessieren, auch dann nicht, wenn sie sehr gut bezahlt wären?
- Sollte es nicht zu einer Einstellung bei uns kommen, welche beruflichen Pläne hätten Sie dann?
- Haben Sie auch bei anderen Firmen Bewerbungen laufen?
- Welche Erwartungen knüpfen Sie an Ihre künftigen Vorgesetzten und Kollegen?
- Was glauben Sie erwarten die anderen Mitarbeiter von Ihnen, dem neuen Kollegen?
- Wie lange wollen Sie bei uns bleiben?
- Weshalb arbeiten Sie überhaupt?
- Angenommen, Sie würden in der Klassenlotterie einen Millionengewinn machen, was würde sich in Ihrem Leben dann wohl ändern?
- Wie stehen Sie dazu, daß im Falle einer Einstellung einige Ihrer Fähigkeiten und Erfahrungen nicht mehr benötigt werden?

- Welche Fachveröffentlichungen, Bücher, Filme, Bühnenstücke haben Sie in letzter Zeit gelesen/gesehen?
- In welchen Fachverbänden, Berufsvereinigungen oder berufsrelevanten Gremien sind Sie Mitglied?

Fragen zur Selbsteinschätzung

- Wo liegen Ihrer Meinung nach Ihre Stärken, wo Ihre Schwächen?
- Für die zu besetzende Stelle sind Sie möglicherweise überqualifiziert. Wie sehen Sie das?
- Fühlen Sie sich nicht zu alt/zu jung für diesen Arbeitsplatz?
- Unter welchen Bedingungen arbeiten Sie am liebsten?
- Sind Sie bereit, Ihren Beruf künftig in Form von Telearbeit auszuüben?
- Tendieren Sie mehr zu einer Linien- oder Stabsfunktion?
- Arbeiten Sie lieber mit Zahlen oder mit der Sprache?
- Hören Sie lieber zu, oder sprechen Sie lieber selbst?
- Arbeiten Sie lieber im Team, oder erzielen Sie lieber für sich allein gute Arbeitsergebnisse?
- Delegieren Sie lieber, oder verlassen Sie sich lieber auf sich?
- Überall wird von der sozialen Kompetenz eines Vorgesetzten gesprochen. Was können Sie hinsichtlich Ihrer Person dazu sagen?
- Ist es Ihnen sehr wichtig, von allen Ansprechpartnern als sympathisch eingestuft zu werden?
- Welches endgültige Berufsziel haben Sie? Bis wann soll es erreicht sein?
- Was aus Ihrem Erfahrungsschatz wird Ihnen bei der Bewältigung der in Aussicht genommenen Aufgabe nutzen?
- Wer hatte in Ihrem Leben den größten Einfluß auf Sie?
- Welche Zeit veranschlagen Sie für Ihre Einarbeitung?
- Was qualifiziert Sie Ihrer Meinung nach für die ausgeschriebene Stelle? Nennen Sie hierfür bitte fünf wichtige Gründe.
- Wo sehen Sie für sich - nachdem Ihnen jetzt der Aufgabenbereich näher bekannt ist - einen Lernbedarf?
- Wie würden Sie sich selbst charakterisieren?
- Wie würde Sie ein Freund, der Sie wirklich gut kennt, beschreiben?

Mit diesen Fragen müssen Sie rechnen!

- Was veranlaßt Sie, die Beherrschung zu verlieren?
- Was hat Sie in Ihrer Berufstätigkeit bisher am stärksten frustriert?
- Für diesen Arbeitsplatz suchen wir einen Mitarbeiter, der über Organisationstalent/Ideenreichtum/Kontaktfähigkeit/Durchsetzungs-kraft/Belastbarkeit/Zielstrebigkeit/Talent in der Mitarbeiterführung verfügt. Besitzen Sie diese Eigenschaften? Nennen Sie hierfür Beispiele!
- Was waren in Ihrem Leben Ihre größten Erfolge und Mißerfolge?
- Wie stehen Sie zu einem Chef des anderen Geschlechts?
- Was zeichnet in Ihren Augen einen guten Vorgesetzten aus? Würden Sie sich als guten Vorgesetzten bezeichnen? Nennen Sie Beispiele hierfür.
- Wie haben Sie sich Ihr Führungswissen angeeignet?
- Was betrachten Sie als schwierigste Aufgabe des Vorgesetzten?
- Welche Eigenschaften wünschen Sie sich bei Ihren Mitarbeitern?
- Würden Sie einmal den Platz Ihres künftigen Vorgesetzten einnehmen wollen?
- Würde es Ihnen zusagen, den Platz Ihres derzeitigen Vorgesetzten einzunehmen?
- Was erinnert Sie an den besten Vorgesetzten, den Sie je hatten?
- Was erinnert Sie an den schlechtesten Vorgesetzten, den Sie je hatten?
- Welche Probleme haben Sie, wenn sich in Ihrem Aufgabenbereich gravierende Veränderungen ergeben?
- Welche Gesichtspunkte fassen Sie bei der Auswahl neuer Mitarbeiter ins Auge?
- Warum sollen wir gerade Sie einstellen?
- Wie würden Sie den Begriff „Erfolg" definieren?
- Wie stehen Sie zu dem Begriff „Karriere"?
- Was war die bisher schwerste Entscheidung in Ihrem Leben?
- Wie gehen Sie mit Kritik um?
- Wie reagieren Sie, wenn Sie sich ungerecht behandelt fühlen?

- Wie reagieren Sie, wenn Sie einen Fehler gemacht haben?
- Haben Sie gegen psychologische Tests Einwände?

Fragen zum Einkommen

- Was haben Sie zuletzt verdient?
- Wie stehen Sie zu Überstunden?
- Sind Sie gelegentlich auch bereit, über die regelmäßige Arbeitszeit hinaus länger zu arbeiten?
- Welche finanziellen Vorstellungen haben Sie heute?
- Wieviel möchten Sie in fünf Jahren verdienen?
- Wie hoch sind Ihre Belastungen für Ihr Haus?
- Wie stellt sich Ihre augenblickliche wirtschaftliche Lage dar? Haben Sie Schulden?
- Wie stehen Sie zu einem Leistungsgehalt?
- Sind für Sie das Anfangsgehalt oder die langfristigen Entwicklungsmöglichkeiten ausschlaggebend?
- Würden Sie bei einer interessanten und ausbaufähigen Tätigkeit vorübergehend eine Einkommensverschlechterung akzeptieren?
- Sind Sie der Auffassung, daß Zulagen für die Betriebszugehörigkeit sowie eine betriebliche Altersversorgung wünschenswert sind?
- Welche Erwartungen haben Sie bezüglich sonstiger Leistungen, die ein Unternehmen gewähren müßte, dem Sie gern angehören würden?
- Was wären Ihre Mindesterwartungen für das Anfangsgehalt?

Fragen zur Arbeitslosigkeit

- Wie glauben Sie mit der Situation fertig werden zu können, daß Sie bei der in Aussicht genommenen Stelle mehr in der Rolle des Weisungsempfängers sind, als in der eines Vorgesetzten?
- Wieviel Zeit werden Sie nach der Arbeitslosigkeit benötigen, bis Sie sich richtig eingearbeitet haben?
- Wie stehen Sie zu einer Verkürzung der üblichen Bezüge, weil Sie nach Ihrer Arbeitslosigkeit eine längere Einarbeitungsphase benötigen?
- Aus welchem Grunde verloren Sie Ihren letzten Arbeitsplatz?
- Weshalb sind Sie schon so lange arbeitslos?

Mit diesen Fragen müssen Sie rechnen!

> ■ Was taten Sie während Ihrer Arbeitslosigkeit, um eine Know-how-Lücke zu vermeiden?
>
> ■ Was haben Sie bisher unternommen, um einen Arbeitsplatz zu finden?
>
> ■ Haben Sie schon einmal an Selbständigkeit gedacht?
>
> ■ Wie verbringen Sie jetzt Ihre Zeit?
>
> ■ Wie hat sich die Arbeitslosigkeit auf Ihre Lebensweise ausgewirkt?
>
> ■ Weshalb haben Sie sich nicht in anderen Gegenden beworben, in denen Arbeitnehmer wie Sie gesucht werden?

Welche Fragen unzulässig sind

Wichtig:

Alle Fragen, die mit dem zukünftigen Arbeitsplatz in direktem Zusammenhang stehen, sind zulässig. Alle Fragen, die nicht durch das berechtigte Interesse des Arbeitgebers abgedeckt sind, sind unzulässig.

Zu den unzulässigen, der schutzwürdigen Privatsphäre des Bewerbers unterliegenden Fragen zählen:

■ **Fragen nach bereits getilgten oder der beschränkten Auskunftspflicht unterworfenen Vorstrafen**

■ **Fragen nach Vorstrafen, die für den zu besetzenden Arbeitsplatz nicht einschlägig sind**

Einschlägig ist beispielsweise bei einem Buchhalter eine Vorstrafe wegen Unterschlagung oder bei einem Berufskraftfahrer eine Vorstrafe wegen eines Verkehrsdelikts.

■ **Fragen nach völlig ausgeheilten Krankheiten und solchen früheren Erkrankungen, die nicht in Zusammenhang mit dem zu besetzenden Arbeitsplatz stehen**

Fragen nach der Schwerbehinderteneigenschaft sind aber zulässig.

■ **Fragen nach Suchtkrankheiten**

Zulässig, wenn eine besondere Verantwortung für andere Menschen mit dem Arbeitsplatz verbunden ist (z. B. Ärzte, Apotheker, Busfahrer).

■ **Fragen nach einer Schwangerschaft**

Zulässig bei Nachtarbeit, schwerer körperlicher Arbeit oder Tätigkeiten, die bei bestehender Schwangerschaft objektiv nicht ausgeübt werden können (z. B. Tänzerin, Model).

■ **Fragen nach der Familienplanung**

■ **Fragen nach den Vermögensverhältnissen sowie nach Lohnpfändungen oder Teilzahlungsverpflichtungen**

Zulässig bei Personen, denen wegen ihrer Aufgabenstellung ein besonderes Vertrauen entgegengebracht wird (z. B. Kassierer, Sicherheitspersonal).

■ **Fragen nach Partei- oder Konfessionszugehörigkeit**

Zulässig bei Tendenzbetrieben.

■ **Fragen nach Gewerkschaftszugehörigkeit**

Zulässig bei Gewerkschaften als Arbeitgeber und ihnen angeschlossenen Unternehmen.

■ **Fragen nach einer HIV-Infektion**

Zulässig nur unter dem Gesichtspunkt der Gefährdung und Ansteckung künftiger Kollegen/Patienten.

„Now it's your turn" – Ihre Fragen bitte!

Um nicht „halbblind" in ein Arbeitsverhältnis zu stolpern und nach kurzer Zeit enttäuscht festzustellen, daß Sie sich vieles ganz anders vorgestellt hatten, sollten Sie sich entsprechende Fragen von der Arbeitgeberseite beantworten lassen.

„Now it's your turn" – Ihre Fragen bitte!

Tip: Finden Sie den goldenen Mittelweg zwischen zu vielen Fragen und zu wenig Fragen. Da es auf Qualität und nicht auf Quantität ankommt, sollten erfahrungsgemäß drei bis sechs sorgfältig ausgewählte Fragen genügen.

Wichtige Bewerberfragen

Fragen zum Arbeitsplatz

- Seit wann ist die Stelle unbesetzt?
- Wie lange befand sich der Vorgänger auf dieser Stelle?
- Weshalb wurde die Stelle vakant?
- Handelt es sich um eine neu eingerichtete Stelle, so daß in der Aufbauphase Pionierarbeit zu leisten ist?
- Weshalb wurde die Stelle in der Zeitung ausgeschrieben und nicht betriebsintern besetzt?
- Weshalb übernahm der nominelle Vertreter nicht den Arbeitsplatz des Vorgängers?
- Gibt es eine Stellen-/Arbeitsplatzbeschreibung?
- Wie ist die Stelle organisatorisch „aufgehängt"?
- Wie ist die Organisationsstruktur des Unternehmens?
- Wer ist der Vorgesetzte? Und wer sein Vertreter?
- Wer ist bei meiner Abwesenheit mein Vertreter?
- Muß ich selbst eine Vertretung übernehmen?
- Wie groß ist die Abteilung/das Team? Wie ist die fachliche Zusammensetzung?
- Welche Mitarbeiter werden mir zugeordnet?
- Mit welchen Stellen/Personen innerhalb und außerhalb des Betriebes müssen intensive Kontakte gepflegt werden?

- Welche Tätigkeiten sind im einzelnen wahrzunehmen?

- Wie sehen die Arbeitsbedingungen aus?

- Werden besondere Anforderungen an mich gestellt?

- Ist der Tätigkeitsbereich verbunden mit der Mitarbeit in Ausschüssen, Verbänden oder Arbeitskreisen?

- Erwartet der Betrieb von mir, daß ich Vorträge, Seminare oder Fortbildungsveranstaltungen durchführe bzw. Fachartikel oder andere Veröffentlichungen verfasse?

- Müssen repräsentative Pflichten übernommen werden?

- Welche Kompetenzen, Vollmachten und Handlungsspielräume sind mit der Stelle verbunden?

- Ist der Stelleninhaber anderen Ressorts gegenüber weisungsbefugt?

- Gibt es ein Personalbeurteilungssystem? Worauf haben Personalbeurteilungen Einfluß?

- Welche Zielsetzungen sind festgelegt?

- Wie werden Ziele festgelegt, und in welchem Rahmen wird Kontrolle ausgeübt?

- Welche Zeit wird mir zu Beginn meiner Betriebszugehörigkeit eingeräumt, um gesteckte Ziele zu erreichen?

- Sind Personalführungsgrundsätze/Unternehmensgrundsätze/Führungsrichtlinien/Führungsleitsätze zu beachten?

- Besitzt die Position eine Kostenstelle?

- Ist mit Sonderaufgaben zu rechnen?

- Ist vor Arbeitsantritt der Erwerb spezieller Kenntnisse oder der Besuch von Schulungen erforderlich?

- Wie umfangreich soll die Berufs-/Branchenerfahrung sein?

- Wie groß ist der Anteil von Schicht-/Nachtarbeit, einer Reisetätigkeit?

- Was kann zum Betriebsklima gesagt werden?

- Welcher Führungsstil wird praktiziert?

- Ist die Besichtigung des Betriebes/der Abteilung/des Arbeitsplatzes möglich?

„Now it's your turn" – Ihre Fragen bitte!

■ Können während der Besichtigung auch Gespräche mit künftigen Kollegen geführt werden?

■ Wie ist der Arbeitsplatz ausgestattet, welche Maschinen und Geräte muß ich bedienen?

■ Ist ein eigener Arbeitsraum oder die Integration in ein Großraumbüro vorgesehen?

■ Muß mit besonderen Belästigungen am Arbeitsplatz, mit Gesund heits- oder Unfallgefahren gerechnet werden?

■ Wie sehen die Planungen, Chancen und Aussichten des Unternehmens aus?

■ Welche Weiterbildungsmöglichkeiten sind betriebsintern/betriebsextern vorstellbar?

■ Welche Aufstiegschancen/allgemeinen betrieblichen Entwicklungsmöglichkeiten bietet das Unternehmen?

■ Werden Beförderungsstellen in der Regel betriebsintern oder über öffentliche Stellenausschreibungen besetzt?

■ Ermöglicht der Altersaufbau in der nächsthöheren Ebene Aufstiegsperspektiven?

■ Wird gezielte Personalentwicklung betrieben?

■ Wer wird mich zu Beginn des Arbeitsverhältnisses auf diese Stelle einarbeiten?

■ Kann mir ein Pate/Mentor für eine kurze Einarbeitungsphase benannt werden?

■ Ist eine Auslandsverwendung notwendig/möglich?

■ Wie ist der Sektor Arbeitnehmererfindungen/betriebliches Vorschlagswesen geregelt?

Fragen zum Arbeitsvertrag

■ Ab wann soll das Arbeitsverhältnis begonnen werden?

■ Wird der Arbeitsvertrag befristet oder unbefristet abgeschlossen?

- Wie kann das Tätigkeits-/Aufgabengebiet beschrieben werden?

- Ort der Arbeitsleistung?

- Werden zugesagte besondere Befugnisse wie Prokura oder Handlungsvollmacht oder Einstellungs- und Entlassungsbefugnisse festgeschrieben?

- Gibt es eine besondere Arbeitsordnung? Was besagt sie?

- Auf welchen Zeitraum soll die Probezeit festgelegt werden?

- Wie sind die Arbeitszeiten festgelegt?

- Welchen Urlaubsanspruch habe ich?

- Welche Kündigungsfristen sind vorgesehen?

- Was soll über Nebentätigkeiten vereinbart werden?

- Wird eine Konkurrenzklausel im Arbeitsvertrag mit einer Entschädigungszusage vereinbart?

- Welche zeitliche Freistellung für die Ausübung zusätzlicher Funktionen (z. B. Prüfungsausschüsse, Fachausschüsse) unter Fortzahlung des Einkommens wird gewährt?

- Soll eine besondere Verpflichtung zur Geheimhaltung aktenkundig gemacht werden?

- Welches Gehalt ist vorgesehen? Tariflich oder außertariflich? Welcher Tarifvertrag?

- Wie sollen Überstunden bezahlt werden?

- Mit welcher Gehaltsentwicklung ist zu rechnen?

- Gibt es Spesenregelungen, Erfolgsbeteiligungen, spezifischen Versicherungsschutz?

- Welche Sonderleistungen gewährt der Betrieb?

- Wie ist der verbilligte Einkauf von Firmenerzeugnissen geregelt?

- Wird ein Firmenfahrzeug zur Verfügung gestellt? Auch zur privaten Nutzung?

- Werden Auslösungen/Trennungsentschädigungen/Fahrkosten für Familienheimfahrten gezahlt und Umzugskosten erstattet?

- Müssen Regelungen für einen geplanten Auslandseinsatz getroffen werden einschließlich möglicher Auswirkungen auf das Stammarbeitsverhältnis?

Vorstellungsgespräch

„Now it's your turn" – Ihre Fragen bitte!

- Werden neben der vom Arbeitgeber bereitzuhaltenden Schutzkleidung auch Dienst- oder Arbeitskleidung unentgeltlich gestellt?
- Wie werden meine Kosten für das Vorstellungsgespräch abgerechnet?
- Genügt dieses Vorstellungsgespräch, oder ist ein zweites Zusammentreffen beabsichtigt?

Fragen zum Arbeits-/Wohnort

- Wie sind die klimatischen Verhältnisse?
- Wie ist das Mietpreisniveau? Kann die Firma bei der Suche nach angemessenem Wohnraum behilflich sein?
- Welche Schulen befinden sich am Ort?
- Ist die ärztliche Versorgung vor Ort gewährleistet?
- Sind zufriedenstellende Einkaufsmöglichkeiten vorhanden?
- Wie ist der Freizeitwert des Ortes einschließlich des kulturellen Angebots zu veranschlagen?
- Wie günstig sind die Verkehrsverhältnisse?

Worauf Sie achten müssen

Ihre Chancen auf Abschluß des Arbeitsvertrages können abrupt sinken, wenn Sie mit unrealistischen Gehaltsvorstellungen aufwarten. Deshalb sollten Sie sich bereits in Ihrer Vorbereitungsphase auf das Gespräch folgendes überlegen:

Wie sehen die durchschnittlichen Gehaltskonditionen aus?

Sehen Sie lediglich einen Arbeitsplatzwechsel vor, kennen Sie Ihren „Marktwert". Tappen Sie aber im Dunkeln, gibt die jeweilige Gewerkschaft Auskunft über gültige Tarifverträge, der Arbeitsberater vom Arbeitsamt kann Erfahrungswerte beisteuern, von Berufstätigen mit etwa gleicher Qualifikation holen Sie Einkünfte ein oder fragen frühere Arbeitskollegen.

Muß ich regionale Einkommensunterschiede beachten?

Die Einkommen in den einzelnen Regionen Deutschlands sind nicht identisch. So wird ein Berufstätiger mit einem monatlichen Einkommen von 4500,- DM in Aurich gut „über die Runden" kommen, während ein anderer mit dem gleichen Einkommen in München den Gürtel enger schnallen muß. Auch sind für gleiche Tätigkeiten noch unterschiedliche Einkünfte in den alten und neuen Bundesländern an der Tagesordnung.

Wie soll ich auf die Frage nach meinen Gehaltsvorstellungen reagieren?

Von einem guten Bewerber wird erwartet, daß er klare Vorstellungen hat, seinen angemessenen Preis kennt und diesen auch vertritt. Beginnt der Bewerber bei der Frage nach seinem gewünschten Einkommen um den heißen Brei herumzureden, zeugt dies von schlechter Vorbereitung oder erheblicher Unsicherheit.

7 Gehaltsverhandlung

Worauf Sie achten müssen

Wie verhält es sich mit meinem Verhandlungsspielraum?

Es liegt in der Natur der Sache, daß Ihre Gehaltsvorstellungen nicht immer akzeptiert werden. Hier erweist es sich als günstig, einen Verhandlungsspielraum zu haben, also leichte Abstriche an Ihren Vorstellungen zulassen zu können, ohne daß dies schmerzt. Fordern Sie zunächst also etwas mehr, um dann ein Polster für Zugeständnisse zu haben.

Welche Marschrichtung wird mein Gesprächspartner verfolgen?

Für einen Arbeitsplatz mit frei auszuhandelndem Gehalt wird der Arbeitgeber eine Gehaltsbandbreite vorsehen. Diese kann beispielsweise den Bereich von 4200,- DM bis 5100,- DM umfassen. Ein besonders guter Mitarbeiter mit längerer Betriebszugehörigkeit wird ein Gehalt am oberen Rand dieser Bandbreite erhalten, während der Neuling, der erst in der Praxis sein Leistungsvermögen und -verhalten beweisen muß, am unteren Rande beginnen muß.

Mit welchen Argumenten wird mein Gesprächspartner eine Reduzierung meiner Gehaltsvorstellungen begründen?

Legitim dürfte der Hinweis sein, daß erst nach erfolgreicher Probezeit eine dem erkannten Leistungsvermögen entsprechende Vergütung festgelegt wird. Auch können durch ein etabliertes innerbetriebliches Stellenausschreibungssystem oder Personalentwicklungs- bzw. Weiterbildungssystem gute Möglichkeiten eröffnet werden, innerhalb des Unternehmens Aufstiegschancen zu nutzen und Karriere zu machen. Auch kann der verbilligte Kauf von Firmenerzeugnissen oder die Anmietung einer günstigen Betriebswohnung ein geringeres Einkommen rechtfertigen. Schließlich ist die Erwähnung vielfältiger betrieblicher Sozialleistungen durchaus geeignet, den Bewerber die anfängliche Gehaltsvorstellung vergessen zu lassen.

 Es lohnt sich häufig nicht, um die letzte Mark zu feilschen, wenn alle sonstigen Bedingungen stimmen!

Wer diese Kosten übernimmt

Laufen Ihre Bewerbungsaktivitäten über einen längeren Zeitraum und werden hierbei auch weite Vorstellungsreisen erforderlich, kann das ins Geld gehen. Demzufolge sind für Sie Informationen wertvoll, von welcher Seite eine Kostenbeteiligung möglich ist.

■ **Ist das einladende Unternehmen zur Kostenerstattung verpflichtet?**

Die Kosten der Vorstellungsreise bis zu einer angemessenen Höhe trägt grundsätzlich das einladende Unternehmen oder ein im Auftrag der Firma handelnder Personalberater/gewerblicher Arbeitsvermittler. Dabei ist es unerheblich, ob die Bewerbung in ein Arbeitsverhältnis mündet oder mit einer Absage endet.

Ersetzt werden die erforderlichen Kosten wie Fahrt-, Verpflegungs- und Übernachtungskosten nach den im Unternehmen üblichen Spesenregelungen oder im Rahmen der steuerlichen Höchstbeträge für Dienstreisen.

Die Firma kann allerdings eine Erstattung ablehnen, wenn

– in der Einladung eine Kostenübernahme ausgeschlossen wurde,

– Sie den Betrieb unaufgefordert aufsuchen,

– Sie sich aufgrund einer Zuweisung des Arbeitsamtes vorstellen,

– sich eine Firma auf Ihre Anfrage mit einer Vorstellung einverstanden erklärt, da sie in diesem Fall den Bewerber nicht ausdrücklich zur Vorstellung aufgefordert hat.

■ **Kann das Arbeitsamt an den Kosten beteiligt werden?**

Sind Sie arbeitslos oder von Arbeitslosigkeit unmittelbar bedroht (Ihnen wurde gekündigt oder Ihre Firma beantragt Konkurs), können Sie auf vorherigen Antrag beim Wohnort-Arbeitsamt Reisekosten erstattet erhalten. Zusätzlich können für die Erstellung und Versendung von Bewerbungsunterlagen jährlich bis zu 500,– DM gezahlt werden.

■ **Ist eine Kostenbeteiligung durch das Finanzamt möglich?**

Müssen von Ihnen auch nach Ausschöpfen der beiden vorgenannten Möglichkeiten noch Kosten getragen werden, machen Sie diese über den Lohnsteuerjahresausgleich bzw. Ihre Einkommensteuererklärung als „vorab entstandene Werbungskosten" steuermindernd geltend, sofern es zur Überschreitung des Arbeitnehmer-Pauschbetrages kommt. Ganz gleich, ob Sie bei Ihren Aktivitäten erfolgreich sind oder nicht, machen Sie nach folgendem Muster Ihre Kosten geltend:

Kostenaufstellung für das Finanzamt

Direkte Bewerbungskosten

- Bewerbungsratgeber ....
- Kosten für von Ihnen aufgegebene Stellengesuche ....
- Lichtbilder, Fotokopien ....
- Hefter, Briefpapier, Umschläge ....
- Beglaubigungs-/Portokosten ....
- Gebühren für fremde Schreibarbeiten ....
- Auslagen für überregionale Zeitungen oder Fach-
  zeitschriften, die Sie nur für Bewerbungszwecke
  kaufen ....
- Telefonkosten für Ihre Bewerbungsaktivitäten ....

Kosten für Vorstellungsreisen

- Bahn-, Bus- oder Flugticket sowie Kosten für
  öffentliche Verkehrsmittel oder Taxikosten in
  nachgewiesener Höhe ....
- Fahrten mit dem eigenen Pkw
  - Kosten in tatsächlicher Höhe oder ....
  - Dienstreisepauschale
    (52 Pfennige je gefahrener Kilometer) ....
- Verpflegungspauschbetrag
  - bei Abwesenheit von 8 bis 14 Stunden 10,- DM ....
  - bei Abwesenheit von 14 bis 24 Stunden 20,- DM ....
  - bei Abwesenheit ab 24 Stunden 46,- DM ....
- Übernachtungskosten in nachgewiesener Höhe,
  aber ohne Frühstück ....
- Nebenkosten, z. B. Parkgebühren, Stadtplan ....

Gesamtkosten ....

abzüglich Kostenerstattung durch einladendes
Unternehmen ....

abzüglich Kostenbeteiligung durch das Arbeitsamt ....

steuerlich absetzbare Gesamtkosten

:::::::::::::::::::::::::::

Findex